욥기분해연구

욥기분해연구
The Analyzed Bible Job

지은이 **캠벨 몰간**
옮긴이 **권영신**

목회자료사

욥기분해연구

지은이 **캠벨 몰간**
옮긴이 **권영신**
펴낸이 **임세일**

초판 1쇄 발행 1992년 08월 30일
삼판 1쇄 발행 2010년 10월 30일

펴낸곳 **목회자료사**
136-890 서울시 성북구 돈암1동 48-11
전화 02-922-6611 팩스 02-545-7895
등록 제6-13호
보급처 **비전북** 전화 031-907-3927 팩스 080-907-9193

값 10,000원
ISBN 978-89-7216-310-7

목회자료사는 복음의 본질을 새롭게 규명함으로써 오늘을 사는 그리스도인들에게 하나님 나라 가치관이 정립된 건전하고 참신한 믿음생활의 원리를 제시하고 있습니다 ✚

George Campbell Morgan,
1863-1945

조오지 캠벨 몰간은
12세때 영국에서 설교를 시작했습니다.
그는 평생동안 여러 교회들에서 목회를 했으며
영국과 미국에서 순회 설교자로서 활약을 했습니다.
또한 그는 목회 기간동안 60권 이상의
책을 썼습니다.

머리말

훌륭한 논법과 아름다운 문체를 지닌 욥기는 성경에서 가장 위대한 책 가운데 하나입니다. 욥기의 저자, 등장 인물, 지리적인 배경, 그리고 저작 연대 등은 전혀 알려져 있지 않습니다. 이 이야기가 역사적인 사실인지에 대해서는 학자들마다 의견이 다릅니다. 어떤 학자들은 이 책이 어떤 진리를 가르치기 위해 만들어진 극적인 시일뿐, 실제적인 역사적 기초는 가지고 있지 않다고 봅니다. 그러나 필자는 성경의 다른 분들의 증거를 토대로 하여(겔 14:14, 20; 약 5:2) 욥이라는 사람이 실제 인물이었고 본문에 들어있는 그의 경험에 관한 이야기가 사실임을 믿습니다. 필자의 이런 견해는 이 책이 극적인 시이므로 욥이나 그의 친구들이 본문에 나타나있는 것과 아주 똑같은 형태로 말을 했다고 가정할 필요가 없다는 사실과 결코 모순되지 않습니다. 그러나 그들의 견해와 주장은 정확하게 제시된 것입니다.

욥기가 고대, 아마도 족장 시대의 이야기라는 내적인 증거는 많이 있습니다. 욥기의 대주제는 고난입니다. 욥기는 다음의 세 가지 사실들을 밝혀줍니다. 즉 첫째, 인간과 영적인 세계(선한 세계와 악한 세계)의 관련성. 둘째, 인간의 문제들을 해결하기에는 인간의 철학들이 부적합하다는 것. 세째, 은혜로운 하나님의 목적을 밝혀줍니다.

이 분해 연구는 욥기의 형식과 내용을 보여주기 위한 시도들 가운데 하나입니다.

캠벨 몰간

차례

제1부

서막

본문 분해

제1부 서막 1:1-5

1. 욥의 인품 1절
   가. 완전하고 의로운 사람
   나. 하나님을 두려워하고 악을 미워하는 사람

2. 욥의 가족 2,4,5절
   가. 그들의 수효 2절
   나. 그들의 친교 4절
   다. 제사장 역할을 하는 그들의 아버지 5절

3. 욥의 재물 3절
   가. 가축
   나. 가족

본문 연구

욥기 맨처음 부분과 끝 부분에는 부유한 욥을 묘사하는 두 개의 장면이 나옵니다. 첫 부분에는 그의 인품과 가족, 그리고 재물에 관한 내용이 들어 있습니다.

1. 욥의 인품 1:1

그의 인품을 묘사하는 언어는 단순하지만, 존경할 만한 그의 고결한 인품을 나타내기에 전혀 손색이 없습니다. 이 단락은 그의 인품의 외적인 표현과 그가 그런 인품을 지닐 수 있었던 계기에 대해 묘사합니다.

외적으로 표현된 그의 인품은 완전하게 정직했습니다. 이 말은 그가 전혀 죄를 범하지 않는 완전무결한 사람이라는 뜻이라기보다는 도덕적으로 흠이 없다는 뜻입니다.

이러한 고결한 인품을 지닐 수 있었던 것은 그가 "하나님을 경외하며 악에서 떠났기" 때문입니다. 욥의 도덕적 성품은 그의 신앙에 바탕을 둔것이므로 그의 신앙의 필연적인 결과였습니다. 신앙은 강하고 영속적이며, 도덕적인 인품이 성장할 수 있는 유일한 근원입니다.

제1장

1 우스 땅에 욥이라 이름하는 사람이 있었는데 그 사람은 순전하고 정직하여 하나님을 경외하며 악에서 떠난 자더라

2 그 소생은 남자가 일곱이요
여자가 셋이며
3 그 소유물은 양이 칠천이요
약대가 삼천이요 소가 오백
겨리요 암나귀가 오백이며
종도 많이 있었으니
이 사람은 동방 사람 중에
가장 큰 자라
4 그 아들들이 자기 생일이면
각각 자기의 집에서 잔치를
베풀고 그 누이 셋도 청하여
함께 먹고 마시므로
5 그 잔치 날이 지나면 욥이
그들을 불러다가 성결케 하되
아침에 일어나서 그들의
명수대로 번제를 드렸으니
이는 욥이 말하기를 혹시
내 아들들이 죄를 범하여
마음으로 하나님을
배반하였을까 함이라 욥의
행사가 항상 이러하였더라

2. 욥의 가족 1:2,4,5

가족들에 둘러싸여 있는 욥의 모습은 매우 아름답습니다. 그는 자식들을 사랑했기 때문에 그들이 떠들며 노는 것을 싫어하기보다는 오히려 그들과 함께 즐거워했습니다. 게다가 그는 그들이 올바른 사람으로 성장하기를 몹시 원했습니다. 가족의 제사장으로서 그는 자녀들에게 떠들며 놀다가 하나님께 범죄하지 않도록 조심하라고 권면했습니다.

3. 욥의 재물 1:3

끝으로 그는 매우 부유한 사람이었습니다. 그리고 욥기의 다음 부분들에 나오는 그의 재물에 관한 언급을 보면 그가 재물을 바르게 사용했음을 알 수 있습니다.

이 단락에서는 욥의 위대성이 중요한 순서에 따라 묘사되었습니다. 맨 처음에는 하나님과 관계함으로 말미암은 그의 도덕적, 영적 인품에 관한 언급이 나오고, 그 다음에는 가족과의 관계 속에서 드러난 그의 온유하고 자비로운 태도와 활동들이 언급되어 있습니다. 그리고 맨 끝에는 그가 많은 재물을 소유했으며 그 재물을 의롭게 사용했다는 말이 나옵니다.

이와 같이 욥은 위대한 인물이며, 의롭고 온유하며 정직하고 자비로운 사람이었습니다. 즉, 그는 " 동방 사람 중에 가장 큰 자" 였습니다.

제 2 부

드라마

본문 분해

제2부 드라마 1:6-42:6

1. 천국과 지옥 사이의 대결 1:6-2:10

1) 첫번째 단락 … 1:6-22
   (1) 하늘에서 개최된 회의 1:6-12
      가) 욥에 대한 하나님의 평가 8절
      나) 욥에 대한 사단의 평가 9,10절
      다) 도전 11절
      라) 수용 12절
         ① 허용
         ② 한계 "~만"
   (2) 땅에서의 싸움 1:13-22
      가) 사단 13-16절
         ① 그의 악의
         ② 끈질김
         ③ 한계
      나) 욥
         ① 태도 20-22절
         ② 말
2) 두번째 단락 … 2:1-10
   (1) 하늘에서 개최된 회의 2:1-6
      가) 욥에 대한 하나님의 변호 3절
      나) 새로운 도전 4,5절
      다) 수용 6절
         ① 허용
         ② 한계
   (2) 땅에서의 싸움 2:7-10
      가) 두 가지 시련 7,8절
         ① 과거의 고통
         ② 새로운 고통-개인적인 고난
      나) 아내의 동정 9절
      다) 그의 승리 10절

본문 연구

욥기는 세 가지 대결을 극적으로 묘사해줍니다. 그런데 각 대결에서 궁극적인 승리를 거두는 것은 진리입니다.

첫번째 대결 (1:6-2:10)은 땅의 피조물을 놓고 벌이는 천국과 지옥 사이의 대결입니다 우주의 영적인 세력들은 인간에 관한 그들의 싸움에서 적나라하게 묘사되었습니다.

두번째 대결(2:11-37:24)은 욥과 그의 친구들 사이의 대결입니다.

이 대결에서는 시간과 감각의 지배를 받는 인간들은 땅 위에서 일어난 일들을 이해하지 못한다는 사실이 드러났습니다.

마지막 대결(38:1-42:5)은 여호와와 욥 사이의 대결입니다. 이 대결에서는 여호와의 위대하심을 깨달은 사람은 믿음의 승리를 경험하게 된다는 사실이 밝혀집니다.

1. 천국과 지옥 사이의 대결 1:6-2:10

이 대결은 두 개의 단락으로 이루어져 있습니다. 첫번째 단락 (1:6~22)은 욥의 재산에 관한 것이고 두번째 단락 (2:1-10)은 그의 인격에 관한 것입니다.

1) 첫번째 단락 1:6-22

이 단락 속에는 두 개의 경향이 있는데 첫번째 경향(1:6-12)은 천국에서 개최된 회의에 대해 묘사하고, 두번째 경향(1:13-22)은 그로 말미암은 땅에서의 갈등에 대해 묘사합니다.

(1) 하늘에서 개최된 회의 1:6-12

이 부분에 묘사된 상황은 매우 충격적인 것입니다. 즉, 하늘이 지옥과 더불어 땅에 관하여 다투고 있는 것입니다. 하나님은 사단의 비난으로부터 인간을 변호하고 계십니다.

이 부분에서 우리는 하나님께서 온 우주를 다스리시며, 하나님의 사자인 천사들이 회의를 하러 하나님 곁으로 모여들었다는 사실을 알 수 있습니다. 그 천사들 중에는, 본질은 그들과 같지만 성품은 전혀 다른 자가 있습니다. 그가 바로 사단입니다. 사단의 문자적인 의미는 '적' 입니다.

여호와께서 사단에게 "네가 어디서 왔느냐"고 물으시자, 그는 안절부절 못하면서 우는 소리로 "땅에 두루 돌아 여기 저기 다녀 왔나이다."라고 대답했습니다. 그러나 이 대답을 통해서 우리는 그가 제한된 범위 안에서 움직였다는 사실을 알 수 있습니다. 그가 하나님의 천사들과 함께 회의에 참석했다는 사실은 그가 부당하게 혹은 예상밖으로 외부에서 침입해 들어온 것이 아니라, 오히려 그도 하

6 하루는 하나님의 아들들이
와서 여호와 앞에 섰고
사단도 그들 가운데 왔는지라
7 여호와께서 사단에게
이르시되 네가 어디서 왔느냐
사단이 여호와께 대답하여
가로되 땅에 두루 돌아
여기 저기 다녀 왔나이다
8 여호와께서 사단에게
이르시되 네가 내 종 욥을
유의하여 보았느냐 그와 같이
순전하고 정직하여 하나님을
경외하며 악에서 떠난 자가
세상에 없느니라
9 사단이 여호와께 대답하여
가로되 욥이 어찌 까닭 없이
하나님을 경외하리이까
10 주께서 그와 그 집과
그 모든 소유물을 산울로
두르심이 아니니이까 주께서
그 손으로 하는바를 복되게
하사 그 소유물로 땅에
널리게 하셨음이니이다
11 이제 주의 손을 펴서
그의 모든 소유물을 치소서
그리하시면 정녕 대면하여
주를 욕하리이다
12 여호와께서 사단에게
이르시되 내가 그의 소유물을
다 네 손에 붙이노라 오직

나님의 권세를 피할 수 없음을 보여줍니다.

이처럼 우리는 보좌 위에 앉으신 위엄있는 여호와의 모습을 엿볼 수 있습니다. 그리고 선한 천사든 악한 천사든, 천사들은 모두 하나님께 와서 보고해야 할 의무가 있었습니다. 이것이 욥기 전체의 핵심적인 사항입니다. 그리고 이러한 사실은 또한 사단에 대한 우리의 잘못된 생각을 고쳐줍니다. 사단은 악한 목적을 수행하도록 허용된 영역들이 있기는 하지만, 언제나 하나님의 통제를 받습니다.

하나님은 사단에게 욥에 대해 물으셨습니다. 그리고 하나님 자신이 그를 어떻게 평가하고 있는지에 대해 말씀하셨습니다. "네가 내 종 욥을 유의하여 보았느냐 그와 같이 순전하고 정직하여 하나님을 경외하며 악에서 떠난 자가 세상에 없느니라." 욥에 대한 사단의 평가는 그의 대답에 나타나 있습니다. "욥이 어찌 까닭없이 하나님을 경외하리이까 주께서 그와 그 집과 그 모든 소유물을 산울로 두르심이 아니니이까 주께서 그 손으로 하는 바를 복되게 하사 그 소유물로 땅에 널리게 하셨음이니이다." 이 대답은 사실상 하나님에 대한 욥의 태도가 순전히 이기적인 것임을 꼬집은 것입니다. 사단의 말대로라면 욥이 소유하고 있는 것을 잃게 되면 그는 하나님께 더이상 충성을 하지 않으리라는 것입니다. 이것은 욥이 시련을 당해 봐야 알 수 있는 문제입니다. 우리는 이제부터 욥이 하늘의 대표가 된다는 사실을 기억해야 합니다.

하나님은 사단으로 하여금 욥의 재물에는 손을 대도 좋다고 허용하셨습니다. 그러나 하나님은 그가 넘을 수 없는

그의 몸에는 네 손을 대지 말지니라 사단이 곧 여호와 앞에서 물러가니라

한계를 명시하셨습니다. 욥 자신에게는 손을 대어서는 안 된다는 것이었습니다. 이 허용을 통해 하나님은 온 우주만물을 다스리시는 인자하신 분이라는 사실이 입증되었습니다.

(2) 땅에서의 싸움 1:13-22

13 하루는 욥의 자녀들이
그 맏형의 집에서 식물을
먹으며 포도주를 마실 때에
14 사자가 욥에게 와서
고하되 소는 밭을 갈고
나귀는 그 곁에서 풀을
먹는데
15 스바 사람이 갑자기
이르러 그것들을 빼앗고 칼로
종을 죽였나이다 나만 홀로
피한고로 주인께 고하러
왔나이다
16 그가 아직 말할 때에 또 한
사람이 와서 고하되 하나님의
불이 하늘에서 내려와서 양과
종을 살라 버렸나이다 나만
홀로 피한고로 주인께 고하러
왔나이다
17 그가 아직 말할 때에 또
한 사람이 와서 고하되 갈대아
사람이 세 떼를 지어 갑자기
약대에게 달려들어 그것을
빼앗으며 칼로 종을
죽였나이다 나만 홀로
피한고로 주인께 고하러
왔나이다
18 그가 아직 말할 때에 또 한
사람이 와서 고하되 주인의
자녀들이 그 맏형의 집에서
식물을 먹으며 포도주를
마시더니
19 거친 들에서 대풍이 와서
집 네 모퉁이를 치매 그 소년
들 위에 무너지므로 그들이

장면이 바뀌어 하늘에서 개최된 회의의 주제가 땅이었다는 사실이 분명하게 드러났습니다. 폭풍이 욥의 머리 위로 휘몰아칩니다. 적과 하나님의 종의 대결이 시작되었습니다. 어떤 의미에서 보면, 이 싸움은 적에게 유리한 것처럼 보입니다. 왜냐하면 욥에게는 이 원수에게 대항할 힘이 없기 때문입니다. 그러나 그에게는 이 원수가 무너뜨릴 수 없는 내면의 아성이 있습니다.

사단은 놀라운 모습으로 등장합니다. 그의 적의는 그의 시간 선택에서도 잘 나타납니다. 그는 욥의 재산을 쳤습니다. 그가 얼마나 끈질긴 존재인가 하는 것은 그가 허용된 범위 안에서 악의를 최대한 실행에 옮기려고 노력했다는 사실에서 명백히 드러납니다. 그러나 한계가 분명했기 때문에 그는 그 범위를 넘어설 수 없었습니다.

이제 욥은 공포에 질린 애처로운 신세가 되었습니다. 부유하던 그는 갑자기 영락해지고 말았습니다. 이와 같이 폭풍이 휘몰아치고 지나갔지만 그는 영웅답게 대범한 태도를 취했습니다. 그러나 그는 초연한 척 하지 않았습니다. 그는 몹시 괴로워했습니다. 그것은 여러 형태의 외적인 애도로 표현되었습니다.

그러나 그런 와중에서도 그는 전혀 품위를 잃지 않고 고상하게 행동했으며 하나님께 예배를 드렸습니다. 이때 그가 한 말 속에는 매우 심오한 철학이 담겨 있습니다. 그는 인간이 재물보다 더 고귀하다는 것을 알고 있었습니다. 인간은 빈 손으로 왔다가 빈 손으로 가는 것입니다. 그는 이런 고난 속에서도 체념하지 않았습니다. 하나님은 복을 주실 뿐만 아니라 죽음도 허락하신다는 사실을 깨달은 욥은 고난 속에서도 하나님께 찬양의 제사를 드렸습니다. 이렇게 해서 사단이 하늘 회의에서 한 말은 거짓말이었음이 입증되었습니다.

죽었나이다 나만 홀로
피한고로 주인께 고하러
왔나이다 한지라
20 욥이 일어나 겉옷을 찢고
머리털을 밀고 땅에 엎드려
경배하며
21 가로되 내가 모태에서
적신이 나왔사온즉 또한
적신이 그리로 돌아가올지라
주신 자도 여호와시요
취하신 자도 여호와시오니
여호와의 이름이 찬송을
받으실지니이다 하고
22 이 모든 일에 욥이 범죄
하지 아니하고 하나님을
향하여 어리석게 원망하지
아니하니라

2) 두번째 단락 2:1-10

이 단락에도 두 개의 경향이 들어있습니다. 첫번째 경향(2:1-6)은 하늘에서 개최된 회의에 관한 것이고, 두번째 경향(2:7-10)은 그로 말미암은 땅에서의 싸움에 관한 것입니다.

(1) 하늘에서 개최된 회의 2:1-6

또다시 하늘에서 회의가 소집되었고 사단도 거기에 참석했습니다. 하나님은 이번에도 욥에 대해 이전과 똑같은 평가를 내리셨습니다. 게다가 이번에는 욥이 싸움에서 이겼

제2장

1 또 하루는 하나님의
아들들이 와서 여호와 앞에
서고 사단도 그들 가운데
와서 여호와 앞에 서니
2 여호와께서 사단에게
이르시되 네가 어디서 왔느냐
사단이 여호와께 대답하여
가로되 땅에 두루 돌아 여기
저기 다녀 왔나이다
3 여호와께서 사단에게
이르시되 네가 내 종 욥을
유의하여 보았느냐 그와 같이
순전하고 정직하여 하나님을
경외하며 악에서 떠난 자가
세상에 없느니라 네가 나를

격동하여 까닭없이 그를 치게
하였어도 그가 오히려 자기의
순전을 굳게 지켰느니라
4 사단이 여호와께 대답하여
가로되 가죽으로 가죽을
바꾸오니 사람이 그 모든
소유물로 자기의 생명을
바꾸올지라
5 이제 주의 손을 펴서 그의
뼈와 살을 치소서 그리하시면
정녕 대면하여 주를
욕하리이다
6 여호와께서 사단에게
이르시되 내가 그를 네 손에
붙이노라 오직 그의 생명은
해하지 말지니라

다고 주장하셨습니다. 그러자 사단은 하나님께서 정하신 한계 때문에 자신이 목적을 이룰 수 없었다고 말했습니다. 그리고 비록 욥이 재물을 잃고 나서도 하나님께 예배를 드리기는 했지만, 그것만으로 그가 하나님께 충성을 다한다고 말할 수는 없다고 항변했습니다. 그의 생명은 전혀 악에 물들지 않았으므로, 그에게 가장 중요한 것은 전혀 손상을 당하지 않은 셈이라는 것입니다. 그러나 욥이 자신에게 아무런 희망도 없다는 것을 깨닫게 되면, 그는 즉시 하나님을 포기할 것이라고 사단은 주장하고 있습니다.

사단은 늘 인간에 대해 이런 평가를 내립니다. 그는 몸이 가장 고귀한 것이라고 주장합니다. 그래서 그는 하늘 법정에서 믿는 영혼을 비방하기 위해 그런 주장을 했습니다. 사단은 그 후 오랜 세월이 지난 뒤 광야에서 또다른 사람, 곧 예수님께 이런 제안을 했습니다. 사단은 인간성을 저속하게 평가하며 자신의 유혹에 넘어간 사람들을 타락시키려고 합니다.

또다시 사단은 욥에 대한 비방을 입증해도 좋다는 허락을 받았습니다. 그러나 이번에도 하나님은 그의 신체 기관에만 손을 댈 뿐, 목숨에는 손을 대지 말도록 범위를 제한하셨습니다.

7 사단이 이에 여호와 앞에서
물러가서 욥을 쳐서
그 발바닥에서 정수리까지
악창이 나게 한지라
8 욥이 재 가운데 앉아서
기와 조각을 가져다가 몸을
긁고 있더니

(2) 땅에서의 싸움 2:7-10

사단은 이 무서운 일에 착수했으며 욥은 극심한 육체적 고통 때문에 괴로워하고 있습니다.

이러한 고난 속에 있는 그를 생각하면서, 우리는 그가 이전에 당한 고난으로 말미암아 가슴이 아팠다는 사실을 잊어서는 안 됩니다. 그러므로 지금 그의 심신은 지칠대로 지쳐있으며, 그것이 커다란 어둠의 날개가 되어 그를 상대로 싸움을 벌이고 있습니다.

이처럼 극심한 고난을 겪고 있는 그에게 그 아내의 동정어린 교묘한 공격이 시작되었습니다. 여기에서 동정이라는 말은 매우 조심스럽게 사용되어야 합니다. 사랑하는 사람이 고통 가운데서 신음하고 있는 것을 본 적이 없는 사람은 결코 이 여자에게 비난의 돌을 던질 수 없습니다.

욥이 고난당하는 것을 보다 못해서 그의 아내는 그에게 하나님을 부인하고 죽으라고 조언했습니다. 원수가 그런 제안을 했더라도, 그것은 끔찍스러운 일인데, 하물며 가장 사랑하는 사람이 그런 말을 했을 때 그 말의 위력은 어떠했겠습니까?

욥은 그녀에게 부드럽지만, 여전히 하나님께 충성스런 말투로 대답했습니다. 이전에 그가 물질보다 인간이 더 중요하다고 생각했듯이, 지금 그는 하나님의 주권과 하나님이 주신 것이면 그것이 선하고 복되고 쉬운 것이든, 악하고 고통스럽고 슬픈 것이든 상관없이 받는 것이 지혜있는 사람의 도리라는 사실을 인정함으로써 자신의 강인한 성품을 입증하였습니다.

여기에서 사단은 사라졌습니다. 이후부터 이 책에는 더 이상 그가 등장하지 않았습니다. 그는 자신이 원하던 무서운 일을 한 것입니다. 지금까지의 정황으로 봐서 그의 비

9 그 아내가 그에게 이르되
당신이 그래도 자기의 순전을
굳게 지키느뇨 하나님을
욕하고 죽으라
10 그가 이르되 그대의 말이
어리석은 여자 중 하나의
말 같도다 우리가 하나님께
복을 받았은즉 재앙도 받지
아니하겠느뇨 하고
이 모든 일에 욥이 입술로
범죄치 아니하니라

방은 거짓말임이 분명합니다.

이 두가지 경향에서 우리가 욥의 슬픔이 얼마나 컸는지에 대해 이해할 수 있도록 베일이 벗겨졌습니다. 다음에 벌어지는 모든 논쟁들은 욥도 그의 친구들도, 욥을 둘러싼 하늘에서의 이 싸움에 대해 알지 못한다는 사실에서 비롯된 것입니다.

> **잔잔한 바다는**
> **결코 훌륭한 선원을 만들지 못한다**

본문분해

2. 욥과 친구들의 논쟁 2:11-37:24

1) 친구들의 방문 2:11-3:26

(1) 그들의 동정 2:11-13

가) 친구들 11절

① 엘리바스

② 빌닷

③ 소발

나) 그들의 방문 12절

다) 그들의 침묵 13절

(2) 욥의 탄식 3:1-26

가) 자기의 출생에 대한 탄식 3:1-10

① 자기 생일을 저주함 1-5절

② 자기가 잉태된 날 밤을 저주함 6-10절

나) 자기 생명에 대한 탄식 11-19절

① 불평에 찬 질문 11-12절

② 평안한 죽음 13-19절

무덤에 묻힌 왕들 13-14절

목백들과 그들의 금 15절

빛을 보지 못한 아이들 16-19절

다) 자신의 존재에 대한 탄식 20-26절

① 불평에 찬 질문 20-23절

② 슬픔에 대한 묘사 24-26절

본문 연구

2. 욥과 친구들의 논쟁 2:11-37:24

이 논쟁에는 세 부분이 들어있습니다. 첫번째 부분 (2:11-3:26)은 욥의 친구들이 온 것에 대해 이야기하고, 두번째 부분(4:1-31:40)은 그들과 욥 사이의 계속적인 논쟁을 묘사하며, 세번째 부분(32:1-37:24)에서는 또다른 화자가 등장합니다. 하나님께서 나타나시기 전에 욥이 마지막으로 들은 목소리가 바로 이 사람의 목소리였습니다.

1) 친구들의 방문 2:11-3:26

이 부분에는 친구들이 오자, 욥이 자신을 동정해주리라고 생각하여 이 친구들에게 탄식을 늘어놓는 이야기가 나옵니다.

(1) 그들의 동정 2:11-13

11 때에 욥의 친구 세 사람이 그에게 이 모든 재앙이 임하였다 함을 듣고 각각 자기 처소에서부터 이르렀으니 곧 데만 사람 엘리바스와 수아 사람 빌닷과 나아마 사람 소발이라 그들이 욥을 조문하고 위로하려 하여 상약하고 오더니

이제 욥에게 가장 고통스러운 나날이 시작되었습니다. 파국이 일어나는데에는 어떤 원인이 있게 마련입니다. 사람들은 갑작스럽게 충격적인 일을 당하고나면 그것을 이기려고 부단히 노력합니다. 그런 상황에 처한 사람들은 처음

12. 눈을 들어 멀리 보매 그 욥인줄 알기 어렵게 되었으므로 그들이 일제히 소리질러 울며 각각 자기의 겉옷을 찢고 하늘을 향하여 티끌을 날려 자기 머리에 뿌리고
13. 칠일, 칠야를 그와 함께 땅에 앉았으나 욥의 곤고함이 심함을 보는 고로 그에게 한 말도 하는 자가 없었더라

에는 잠잠히 있다가 지독스럽게 화를 내곤 합니다. 욥도 지금 조용히 있다가 친구들에게 싸움을 걸기 시작합니다.

부유할 때 그의 곁에 있으면서 그로부터 환대와 은혜를 받던 사람들 중에서 극심한 곤경에 처해있는 그를 찾아온 것은 세 사람 뿐이었습니다. 그리고 마지막으로 엘리후가 그를 찾아왔습니다. 그가 이전부터 욥을 알고 있었는지 아니면 우연히 욥과 그의 친구들의 논쟁을 듣게 되었는지는 확실히 알 수 없습니다.

그 세 친구들은 "데만 사람 엘리바스와 수아 사람 빌닷과 나아마 사람 소발" 입니다. 우리는 데만이 에돔족의 한 종족이며 수아가 미디안의 형제 부족이었다는 사실 외에는 그들에 대해서 더 이상 알 수 없습니다. 나아마에 대해서는 전혀 알 길이 없습니다.

우리는 이전에 그가 부유할 때 그에게 신세진 사람들이 지금 전부 어디에 있는지에 대해 묻지 않을 수가 없습니다. 이 질문을 보면, 언제든지 재산이 있는 사람에게 사람들이 호감을 갖고 있음을 알 수 있습니다. 일이 순조롭게 잘 풀려나갈 때에는 주변에 친구들이 많이 꼬입니다. 그러나 어둠 속에서 고통당할 때에는 진정한 친구만이 그의 곁에 모입니다. 욥이 결국에는 원수의 비난보다 친구들의 말 때문에 더 큰 고통을 당하게 되지만, 그들이 온 것은 그를 위로하기 위해서였습니다. 그들은 그가 곤경에 처했다는 소식을 듣고 그를 방문하기로 결정했으며, 그들의 방문 목적은 그를 불쌍히 여기고 그를 위로하기 위하여 방문했다고 분명하게 기록되어 있습니다.

그들이 고통당하는 친구를 보고서 느낀 점은 이곳에 사실적으로 묘사되어 있습니다. 그들은 그를 보고 알아보지 못하겠노라고 선언했습니다. 그 이유는 매우 분명합니다. 물론 이 말은 그가 누구인지 그들이 알지 못했다는 뜻이 아니라, 그가 너무나 변해서, 그리고 그의 고통스런 질병을 상기하면, 그의 외모가 너무 수척해져서 그들은 그가 그렇게 부유하고 당당하던 사람이었다고 믿기지 않았던 것입니다. 그들은 너무 놀라서 온갖 슬픔의 표현들을 다 동원했습니다. 그들은 큰 소리로 울고 옷을 찢었으며 머리에 재를 뿌렸습니다.

그들의 동정심은 칠 일 밤낮을 실의에 차있는 그의 곁에 말없이 함께 있어주었다는 사실에서 매우 두드러지게 입증되었습니다. 슬픔에 잠긴 친구를 위로하기에 좋은 방법은 말이 아니라 침묵입니다.

그들이 논쟁함으로써 그를 더 고통스럽게 했을 때에도 그들이 그에 대해 생각했던 바를 다른 사람이 아닌 그에게 직접 말해주었다는 사실에서 그들의 우정은 확인되었습니다.

지금까지 그들이 보인 태도는 매우 훌륭합니다. 그러나 끝까지 이런 훌륭한 태도를 견지하지 못한 것은 그들이 "하늘과 땅에서는 우리가 상상할 수도 없는 일들이 일어난다."는 사실을 잊었기 때문입니다.

2) 욥의 탄식 3:1-26

말없이 들어줄 자세가 되어있는 사람 앞에서는 감정 표시를 하기가 쉽습니다. 욥은 탄식을 함으로써 큰 위로를 받았을 것이며 친구들이 그의 말을 들어줄 자세가 되어 있었기 때문에 그가 탄식할 수 있었을 것입니다. 그런 점에서 볼 때, 지금까지는 그들이 그에게 실제적인 도움이 되었습니다. 마음 속에서 일어나는 의혹을 억누르기보다는 그것을 말로 표현하는 것이 더 좋습니다.

이 탄식은 무겁게 내리누르는 슬픔에 대한 묘사라기보다는 오히려 피하게 해달라는 외침입니다. 이 탄식 속에는 세 가지 사항이 담겨 있습니다. 첫번째 사항 (3:1-10)은 자기의 생일과 잉태된 날 밤을 저주하는 것입니다. 두번째 사항(3:11-19)은 태어나면서 죽지 않은 것을 탄식하는 것입니다. 세번째 사항(3:20-26)은 이렇게 견딜 수 없는 슬픔이 계속되는데도 죽지 않고 살아있는 것에 대한 탄식입니다. 이 단락은 고통에서 터져나온 탄식, 즉 죽음만도 못한 삶을 사는 자의 외침인 것입니다.

가) 자기의 출생에 대한 탄식 3:1-10

현재의 고난을 생각하면서 그는 자기 출생일을 돌아보고 그 날을 악한 날이라고 저주하였습니다. 그는 흐느끼면서, 태어나지 않았으면 좋았을 것이라고 말했습니다. 비록 그 소망은 이루어질 수 없는 것이지만, 그 소망을 통해서 우리는 그의 슬픔이 얼마나 사무치도록 깊은 것인지를 알

제3장

1 그 후에 욥이 입을 열어
자기의 생일을 저주하니라
2 욥이 말을 내어 가로되
3 나의 난 날이 멸망하였었더
라면, 남아를 배었다 하던
그 밤도 그러하였었더라면,
4 그 날이 캄캄하였었더라면,
하나님이 위에서 돌아보지
마셨더라면, 빛도 그 날을
비취지 말았었더라면,
5 유암과 사망의 그늘이
그 날을 자기 것이라 주장하였
었더라면, 구름이 그 위에
덮였었더라면, 낮을 캄캄하게
하는 것이 그 날을 두렵게
하였었더라면,
6 그 밤이 심한 어두움에 잡혔
었더라면, 해의 날 수 가운데
기쁨이 되지 말았었더라면,
달의 수에 들지 말았었더라면,
7 그 밤이 적막하였었더라면,
그 가운데서 즐거운 소리가
일어나지 말았었더라면,
8 날을 저주하는 자 곧 큰
악어를 격동시키기에 익숙한
자가 그 밤을 저주
하였었더라면,
9 그 밤에 새벽 별들이
어두웠었더라면, 그 밤이
광명을 바랄지라도 얻지
못하며 동틈을 보지
못하였었더라면 좋았을 것을,
10 이는 내 모태의 문을 닫지
아니하였고 내 눈으로 환난을
보지 않도록 하지
아니하였음이로구나

수 있습니다.

그리고나서 그는 자신이 수태되던 과거의 어느날을 회고하면서 고통에 찬 말로 출생일을 저주하던 것처럼 이 날을 저주했습니다.

나) 자기 생명에 대한 탄식 3:11-19

그러나 그런 저주는 아무런 소용도 없는 것이었습니다. 그의 수태와 출생은 피할 수 없는 사실이었습니다. 그래서 그는 이런 일들이 바뀔 수 없는 것이라면, 왜 자기가 살았는가? 혹은 왜 자기가 계속 삶을 살도록 허용되었는지에 대해 묻고 있습니다. 불평섞인 말투로 이런 질문을 하면서 그는 자기를 먹여서 키운 부드러운 돌봄을 탄식하면서 자신이 죽었더라면 지금 편안할 수 있었을 것이라고 생각했습니다. 그렇다면 그는 자신들이 만든 무덤 속에 묻힌 왕들이나 위인들처럼 혹은 은과 금을 남겨둔 목백들처럼 자기도 자고 있었을 것이라고 생각합니다. 이 비유들 속에는 삶을 성찰한 사람의 풍자적인 어투가 담겨 있습니다. 죽음에 대한 불안은 왕들의 경우에는 자신들의 무덤을 만드는 것으로 표현되었고, 목백들의 경우에는 금과 은을 소유하는 것으로 표현되었습니다. 그들이 무덤에 묻히고 재물을 잃어버렸을 때 그들은 안식을 얻었습니다. 그리고 나서 그는 보다 사실적인 또다른 비유를 사용했습니다. 그는 빛을 본 적이 없는 어린아이처럼 도망치고 싶어했습니다. 이 모든 사람들은 죽음 안에서 안식을 찾은 것으로 간주되었으며 다음에 나오는 단락은 아름다운 문구로 가득차 있습니

11 어찌하여 내가 태에서
죽어 나오지 아니하였었던가
어찌하여 내 어미가 낳을 때에
내가 숨지지 아니하였던가
12 어찌하여 무릎이 나를
받았던가 어찌하여 유방이
나로 빨게 하였던가
13 그렇지 아니하였던들
이제는 내가 평안히 누워서
자고 쉬었을 것이니
14 자기를 위하여 거친 터를
수축한 세상 임금들과 의사들
과 함께 있었을 것이요
15 혹시 금을 가지며 은으로
집에 채운 목백들과 함께
있었을 것이며
16 또 부지중에 낙태한 아이
같아서 세상에 있지 않았겠고
빛을 보지 못한 아이들
같았었을 것이라
17 거기서는 악한 자가
소요를 그치며 거기서는
곤비한 자가 평강을 얻으며
18 거기서는 갇힌 자가 다
함께 평안히 있어 감독자의
소리를 듣지 아니하며
19 거기서는 작은 자나
큰 자나 일반으로 있고 종이
상전에게서 놓이느니라

다. 그는 죽음을 삶의 질곡으로부터 해방된 안식과 평안의 장소로 묘사하고 있습니다.

다) 자신의 존재에 대한 탄식 3:20-26

20 어찌하여 곤고한 자에게
빛을 주셨으며 마음이 번뇌한
자에게 생명을 주셨는고
21 이러한 자는 죽기를
바라도 오지 아니하니 그것을
구하기를 땅에 파고 숨긴
보배를 찾음보다 더하다가
22 무덤을 찾아 얻으면 심히
기뻐하고 즐거워하나니
23 하나님에게 둘러 싸여
길이 아득한 사람에게
어찌하여 빛을 주셨는고
24 나는 먹기 전에 탄식이
나며 나의 앓는 소리는 물이
쏟아지는것 같구나
25 나의 두려워하는 그것이
내게 임하고 나의 무서워하는
그것이 내 몸에 미쳤구나
26 평강도 없고 안온도 없고
안식도 없고 고난만
임하였구나

끝으로 그를 고난으로부터 해방시켜줄 죽음이 임하지 않았기 때문에 그런 탄식이 아무런 소용이 없다는 것을 깨달은 욥은 자신이 계속해서 목숨을 부지하고 있는 것에 대해 탄식하면서, 이토록 끝없는 슬픔 속에서 계속 사는 것이 현명하거나 성실한 것인지 아니면 어리석고도 구차한 것인지에 대해 묻습니다. 그는 이 슬픔을, 피할 도리가 없는 경험이자 영혼을 압도하는 신비이며 위로를 얻을 수 없는 고통스런 불안이라고 묘사했습니다.

이 세 가지 탄식을, 욥이 이 책 첫 부분에 나오는 사단과의 두번째 싸움 이후에 발언한 말과 대조시켜 보면, 고통이 극심해짐에 따라 그의 불안이 더 고조되고 있음을 알 수 있습니다.

사단이 맨처음 공격하여 그가 모든 소유물을 잃게 되었을 때, 그는 위대한 성품을 꿋꿋이 유지하면서 하나님의 선하신 통치를 굳게 믿었습니다. 두번째 공격 때 아내의 사악한 제안을 받고서도 그는 여전히 선과 악을 지배하시는 하나님의 능력을 믿고 있었습니다.

그러나 이 탄식을 보면, 이러한 그의 믿음은 흔들리고 있음이 분명합니다. 그가 견뎌낸 이 무서운 고난이 그의 삶의 가치를 낮추었던 것입니다. 그는 자기의 생일을 귀하게 여기는 대신 저주했습니다. "어찌하여 내가 태에서 죽어 나오지 아니하였던가 어찌하여 내 어미가 낳을 때에 내가 숨지지 아니하였던가."

하나님의 선하신 통치에 대한 그의 확신은 약화되었습니다. 그는 "주신자도 여호와시요 취하신 자도 여호와시오니"라고 편안하게 말하는 대신 탄식하면서 조용히 죽기를 바랬습니다.

하나님께서 선과 악을 이기신다는 믿음도 흔들렸습니다. 그는 "하나님의 손에서 좋은 것을 받고 나쁜 것을 받지 아니하리라."고 말하는 대신 "어찌하여 곤고한 자에게 빛을 주었는가?"라고 괴로움에 찬 질문을 하였습니다.

이 애통에는 고통과 곤고에 대한 의식이 들어있으며, 이 애곡은 피하게 해달라는 외침인 것입니다.

본문분해

2) 논쟁 4:1-31:40

(1) 첫번째 단락 4:1-14:22

가) 엘리바스 4:1-5:27

① 서론 4:1-6

(가) 변명과 말을 해야 할 필요성 1,2절

(나) 욥의 실패에 대한 놀라움 3-5절

(다) 호소 6절

② 철학 4:7-5:7

(가) 고난과 죄의 관계 4:7-11

진술 7절

예증 8-11절

(나) 밤의 이상과 목소리 12-21절

(다) 욥에 대한 도전 5:1-5

도전 1,2절

예증 3-5절

(라) 요약 6,7절

③ 충고 5:8-27

(가) 첫번째 진술 5:8-16

충고 8절

논증 9-16절

(나) 두번째 진술 5:17-26

충고 17절

논증 18-26절

(다) 형식을 갖춘 결론 5:27

본문
연구

2) 논쟁 4:1-31:40

이 두번째 부분에는 욥과 친구들 사이의 장황한 논쟁에 관한 실제적인 이야기가 나옵니다. 이 부분은 세 단락으로 이루어져 있습니다. 각 경우의 자세한 사항들이 이제부터 명시될 것입니다. 그러나 각 경우의 주된 가치도 동시에 진술될 것입니다.

첫번째 단락(4:1-14:22)에서 엘리바스와 빌닷 그리고 소발은 하나님께서 의로우시며, 악한 자를 벌하시고 선한 자를 복주신다고 선언했습니다. 욥은 자신의 경험에 비추어 볼 때 그들의 주장이 틀렸다고 선언하며 이 논증들에 대해 대답했습니다. 즉, 자기는 의로웠지만, 지금 고통을 당하고 있다는 것입니다.

그들은 첫번째 단락에서 전개된 입장을 고수하면서도 두번째 단락(15:1-21:34)에서는 고난당하는 사람은 악인이라고 선언함으로써 적용범위를 좁혔습니다. 욥은 이번에도 자신의 경험에 입각해서 이 주장에 대해 의인도 고난을 당할 수 있으며 반드시 악인만이 고난당하는 것은 아니라고 대답했습니다.

세번째 단락(22:1-31:40)에서 그들은 여전히 이 입장을 고수하면서 개인적인 말을 했습니다. 욥이 죄를 지었기 때문에 고난을 당한다는 것입니다. 이 주장에 대해 욥은 자신의 무죄를 강변했습니다.

1) 첫번째 단락 4:1-14:22

이 단락에서 세 친구들은 각자 욥에게 말을 걸었으며 욥은 이들의 주장에 대해 일일이 답변했습니다. 그들은 하나님은 의로우시며 의인에게는 복주시고 악인은 벌하신다는 대전제 아래서 그에게 말을 걸었습니다. 엘리바스의 말에서는 원칙이 선언되고, 빌닷의 말에서는 원칙이 예증되었으며, 소발의 말에서는 그것이 적용되었습니다.

가) 엘리바스 4:1-5:27

엘리바스의 말은 세 부분으로 이루어져 있습니다.
① 서론(4:1-6) ② 그의 철학에 관한 언급(4:7-5:7) ③ 욥에 대한 충고(5:8-27)가 그것입니다.

① 서론 4:1-6

엘리바스의 말에 귀를 기울이기 전에 우리는 다시 한번 욥의 상황에 대해 상기해 봐야 하겠습니다. 그는 장시간에 걸쳐 여러 가지 파국을 경험했기 때문에 빈털털이가 되었고 자식을 잃었으며 건강을 잃었고 극심한 곤경에 빠지게 되었습니다. 친구들이 와서 한참 동안 말없이 그를 동정해 주었던 일이 그나마 어둠 속에 있던 그에게 한줄기 빛이 되었던 것입니다. 그는 그들이 말없이 앉아있는 틈을 타서

제4장

1 데만 사람 엘리바스가 대답하여 가로되
2 누가 네게 말하면 네가 염증이 나겠느냐 날지라도 누가 참고 말하지 아니하겠느냐
3 전에 네가 여러 사람을 교훈하였고 손이 늘어진 자면 강하게 하였고
4 넘어져 가는 자를 말로 붙들어 주었고 무릎이

그들에게 넋두리를 했습니다. 이제 더이상 그는 할 일도, 할 말도 없는 지경에 이르렀습니다. 그는 절망에 사로잡혀 속수무책으로 기다릴 뿐이었습니다.

엘리바스가 욥에게 말을 걸었지만, 그의 말속에는 부드러움이라고는 전혀 담겨 있지 않았습니다. 자신이 해야 할 일이 어렵고 미묘하다는 것을 깨달은 그는 변명 형식의 질문으로 말을 꺼냈습니다. 그리고나서 곧이어 그는 또다른 질문을 했습니다. 이 질문의 요지는 자기가 더이상 침묵을 지키고 있을 수만은 없다는 것이었습니다. 그리고나서 그는 욥이 인생에서 실패했다는 놀라움을 금할 수 없다고 고백했습니다. 다른 사람들이 고통 가운데 처해 있을 때 훈계하고 원기를 북돋워주고 다독거려주던 사람이 고난을 당해 나약한 비겁자가 되었던 것입니다. 그리고나서 그는 욥에게, 하나님을 두려워한다면 이제 진심으로 하나님을 믿어야 하며 자신의 생활 자세가 옳다면 소망을 가져야 한다고 호소했습니다. 이 호소는 질문형식으로 되어 있으며, 이 호소에는 하나님을 믿지 않는 것은 하나님을 두려워하지 않기 때문이며 소망이 없는 것은 의로운 삶을 살지 못했기 때문이라는 뜻이 함축되어 있습니다. 사실상 이것이 그의 논증의 요지입니다. 그러므로 그의 말 서론 부분에 이것이 암시되어 있는 것입니다.

약한 자를 강하게 하였거늘
5 이제 이 일이 네게 임하매
네가 답답하여 하고 이 일이
네게 당하매 네가 놀라는구나
6 네 의뢰가 경외함에 있지
아니하냐 네 소망이 네 행위를
완전히 함에 있지 아니하냐

② 철학 4:7-5:7

엘리바스는 짤막하게 자신의 철학을 진술하고 예증합니다. 이 진술은 질문 형태의 주장으로 되어 있습니다. 따라

7 생각하여 보라 죄 없이 망한
자가 누구인가 정직한 자의
끊어짐이 어디 있는가
8 내가 보건대 악을 밭갈고
독을 뿌리는 자는 그대로

거두나니
9 다 하나님의 입기운에
멸망하고 그 콧김에
사라지느니라
10 사자의 우는 소리와 사나
운 사자의 목소리가 그치고
젊은 사자의 이가 부러지며
11 늙은 사자는 움킨 것이
없어 죽고 암사자의 새끼는
흩어지느니라
12 무슨 말씀이 내게 가만히
임하고 그 가는 소리가
내 귀에 들렸었나니
13 곧 사람이 깊이 잠들 때쯤
하여 서니라 내가 그 밤의
이상으로 하여 생각이
번거로울 때에
14 두려움과 떨림이 내게
이르러서 모든 골절이
흔들렸었느니라
15 그 때에 영이 내 앞으로
지나매 내 몸에 털이
주뼛하였었느니라
16 그 영이 서는데 그 형상을
분변치는 못하여도 오직 한
형상이 내 눈앞에 있었느니라
그 때 내가 종용한 중에
목소리를 들으니 이르기를
17 인생이 어찌 하나님보다
의롭겠느냐 사람이 어찌
그 창조하신 이보다
성결하겠느냐
18 하나님은 그 종이라도
오히려 믿지 아니하시며 그
사자라도 미련하다 하시나니
19 하물며 흙 집에 살며
티끌로 터를 삼고 하루살이에
게라도 눌려 죽을 자이겠느냐

서 이 진술을 긍정적으로 표현하면 다음과 같습니다. 멸망하는 자들은 의인이 아니며 의인이라면 결코 망할 리가 없다는 것입니다. 그리고나서 그는 예를 들어 자기의 주장이 옳음을 논증했습니다. 또 그는 이것이 지금까지 그가 관찰한 바를 토대로하여 얻은 결과라는 말을 덧붙였습니다. 고난은 악에 대한 하나님의 처벌이며, 이전에 뿌린 것을 수확하는 것입니다. 그는 사자를 악의 화신으로 언급하면서, 그런 악인은 하나님의 심판을 피할 수 없다고 단언했습니다. 엘리바스는 죄로 말미암지 않은 고난이 있으리라고는 상상도 하지 못했습니다 이것이 그의 철학의 본질이기 때문입니다.

그리고나서 엘리바스는 말머리를 돌려 자신의 영적인 체험에 대해 묘사하기 시작했습니다. 우리는 먼저 그것을 조사하고 나서 왜 그가 그런 말을 하게 되었는지에 대해 따져보는 것이 좋겠습니다.

여기에 밤의 이상에 관한 이야기가 나옵니다. "사람이 깊이 잠들 때 쯤"이라는 어구는 구약의 다른 곳에서는 세 번만 나올 뿐이며 각 경우에 이 어구는 어떤 이상이나 하나님의 이적과 관련하여 사용되었습니다. 그리고나서 그는 이러한 상황에서의 자신의 경험을 묘사합니다. 그는 먼저 영의 임재를 의식했습니다. 그는 그 임재를 "영"이나 "호흡"으로 묘사하고 있습니다. 그는 그 영이 어떤 형태를 띠고 있다는 사실은 의식하면서도 그 모습에 대해서는 묘사할 수 없었습니다. 이 이상으로 인해 두려움에 가득차 있던 그는 어떤 목소리를 들었습니다. 엘리바스가 욥에게 말을 건 주된 목적은 이 목소리가 무슨 말을 했는지를 그에게 전해주는 것이었습니다. 그는 욥에게 자신의 철학이 옳다는 것을 솔직히 믿고 있음을 확인시키기 위해 가장 심오한 영적 체험을 폭로했던 것입니다. 그의 본성 전체를 두려움으로 가득 채운 이 신비로운 임재로 말미암아 그는 주저할 필요가 없었던 것입니다. 이 이상이 말하고자 하는 주된 내용은 하나님의 순결하심과 인간의 죄와 실패에 관한 것입니다.

이러한 사실은 엘리바스가 욥에게 이상과 목소리에 대해 말한 이유를 설명해줍니다. 그는 자신의 철학에 관한 진술을 하고난 후, 분개하고 있는 친구의 얼굴을 보았을 것입니다. 그의 논증에 대한 욥의 태도는 냉소적이었습니다. 욥은 고난에 의해 거의 일그러진 채로 낙심에 차 있었지만 그래도 자기에게 죄가 없다는 태도였습니다. 그러면서 그는 자신의 성품이 엘리바스가 말한 것과는 다르다고 말했습니다. 욥의 이러한 태도를 물리치기 위해 엘리바스는 자신이 죄를 자각하게 된 영적 체험에 대해 언급하고 있습니다.

계속해서 엘리바스는 욥에게, 누구에게 호소하고 있는지에 대해 물었습니다. 그 질문은 자신이 선언한 진리와 모순되거나 자신을 변호하는 것이었습니다. 그는 어리석은 자가 성공하는 것을 보았다고 말하면서, 그러나 그들은 결국에 가서 좌절을 맛보았으며 그들에게 임한 외로움에 대하여 자신이 묘사한 것이 욥이 최근에 겪은 일과 부합한다고 선언했습니다. 여기에서 또다시 우리

20 조석 사이에 멸한 바 되며 영원히 망하되 생각하는 자가 없으리라
21 장막 줄을 그들에게서 뽑지 아니하겠느냐 그들이 죽나니 지혜가 없느니라

제5장

1 부르짖어 보아라 네게 응답할 자가 있겠느냐 거룩한 자 중에 네가 누구에게로 향하겠느냐
2 분노가 미련한 자를 죽이고 시기가 어리석은 자를 멸하느니라
3 내가 미련한 자의 뿌리 박는 것을 보고 그 집을 당장에 저주하였노라
4 그 자식들은 평안한데서 멀리 떠나고 성문에서 눌리나 구하는 자가 없으며
5 그 추수한 것은 주린 자가 먹되 가시나무 가운데 있는 것도 빼앗으며 올무가 그의 재산을 향하여 입을 벌리느니라
6 재앙은 티끌에서 일어나는 것이 아니요 고난은 흙에서 나는 것이 아니라
7 인생은 고난을 위하여 났나니 불티가 위로 날음 같으니라

는 엘리바스가 이 말을 할 때 욥을 바라보고 있었으며 욥이 분노와 고통 가운데 본 것을 엘리바스가 밤의 계시 가운데에서 들은 것과 연관짓고 있다는 확신을 피할 수 없습니다. 욥은 성미가 급했으며 엘리바스는 이 급한 성미를 그가 어리석다는 말로 표현했습니다. 욥이 드러내고 있는 그러한 분노와 시기는 결국 파멸을 초래하고 말 것입니다.

엘리바스는 고난의 의미를 설명하고자 노력한 다음, 다음과 같은 격언으로 그 의미를 더욱 선명하게 밝혀주었습니다.

재앙은 티끌에서 일어나는 것이 아니요
고난은 흙에서 나는 것이 아니라
인생은 고난을 위하여 났나니
불티가 위로 날음 같으니라

고난을 당해 고통을 받는 데에는 이유가 있는 것입니다. "인생은 고난을 위하여 났나니 불티가 위로 날음 같으니라."라는 엘리바스의 말은 불티가 위로 날으는 것만큼 확실하게 고난이 인간에게 임한다는 뜻이 아닙니다. 왜냐하면 사실상 불티는 늘 위로 날으는 것이 아니기 때문입니다. 그는 오히려 불티가 보이는 곳은 어디든지 불이 있는 것이며, 그러므로 고난당하는 사람이 있는 곳에는 그 고난의 이유도 있는 것임을 선언하기 위해 이 말을 한 것입니다. 불티가 위로 나는 것이 불이 있음을 입증하듯이 인간의 고난은 죄가 있음을 입증해 줍니다.

8 나 같으면 하나님께 구하고
내 일을 하나님께 의탁하리라
9 하나님은 크고 측량할 수
없는 일을 행하시며 기이한
일을 셀 수 없이 행하시나니
10 비를 땅에 내리시고
물을 밭에 보내시며
11 낮은 자를 높이 드시고
슬퍼하는 자를 흥기시켜
안전한 곳에 있게 하시느니라
12 하나님은 궤휼한 자의
계교를 파하사 그 손으로 하는
일을 이루지 못하게 하시며
13 간교한 자로 자기 궤휼에
빠지게 하시며 사특한 자의
계교를 패하게 하시므로
14 그들은 낮에도 캄캄함을
만나고 대낮에도 더듬기를
밤과 같이 하느니라
15 하나님은 곤비한 자를 그
들의 입의 칼에서, 강한 자의
손에서 면하게 하시나니
16 그러므로 가난한 자가
소망이 있고 불의가 스스로
입을 막느니라

② 충고 5:8-27

끝으로 엘리바스는 욥에게 이러한 상황에서 무슨 일을 해야할지에 대해 이야기하며, 이 모든 일을 온전히 주님께 맡겨야 한다고 충고해 주었습니다. 이 선언 뒤에 매우 아름다운 구절이 나옵니다. 이 구절에서 그는 욥이 하나님과 실제로 교제를 나눈 헌신적이고 열심있는 사람이었음을 밝혀야 한다는 생각에서 지고하신 분의 신실성과 권능에 대해 말해줍니다.

그의 두번째 충고는 자신을 하나님의 징벌에 맡기라는 것이었습니다. 그는 욥이 그런 태도를 취하도록 설득하려고, 하나님을 믿으면 확신과 궁극적인 구원, 그리고 회복이 임할 것이라고 설파했습니다.

이처럼 엘리바스는 신중하면서도 정중하게 자기의 철학을 선언했습니다. 그는 욥이 슬픔을 당한 것은 그가 저지른 어떤 일 때문이라고 믿었기 때문에 욥에게 자신의 처지를 하나님께 맡기고 고난을 하나님의 징벌로 생각하라고 충고했습니다. 이 충고는 대체로 옳지만 근시안적인 것이었습니다. 그는 영적인 세계에서 이 충고가 어떤 의미를 지니는지, 그리고 그 사람의 존엄성이 얼마나 큰지에 대해 알지 못했습니다. 엘리바스의 실수는 자기의 철학의 범위 안에 모든 것을 집어 넣으려 하고 "하늘과 땅에는 너의 철학으로 꿈꾼 것 이상의 일들이 있다."는 사실을 잊고 있다는 데 있습니다.

17 볼찌어다 하나님께
징계받는 자에게는 복이
있나니 그런즉 너는 전능자의
경책을 업신여기지 말지니라
18 하나님은 아프게 하시다가
싸매시며 상하게 하시다가
그 손으로 고치시나니
19 여섯가지 환난에서 너를
구원하시며 일곱가지 환난이
라도 그 재앙이 네게 미치지
않게 하시며
20 기근 때에 죽음에서,
전쟁 때에 칼 권세에서 너를
구속하실 터인즉
21 네가 혀의 채찍을 피하여
숨을 수가 있고 멸망이 올 때
에도 두려워 아니할 것이라
22 네가 멸망과 기근을 비웃
으며 들짐승을 두려워
아니할 것은
23 밭에 돌이 너와 언약을
맺겠고 들짐승이 너와 화친할
것임이라
24 네가 네 장막의 평안함을
알고 네 우리를 살펴도 잃은
것이 없을 것이며
25 네 자손이 많아지며
네 후예가 땅에 풀 같을 줄을
네가 알 것이라
26 네가 장수하다가 무덤에
이르리니 곡식단이 그 기한에
운반되어 올리움 같으리라
27 볼찌어다 우리의 연구한
바가 이같으니 너는 듣고 네게
유익된 줄 알지니라

본문분해

나) 욥의 대답 6:1-7:21

- ① 비난에 대한 응답 6:1-13
  - (가) 시인과 해명 1-4절
  - (나) 예증에 의한 변호 5-7절
  - (다) 죽음에 대한 소망과 변호 8-13절
- ② 친구들에게 한 대답 6:14-30
  - (가) 풍자 14-21절
    - 기대 14절
    - 실망 15-21절
  - (나) 비난 22,23절
  - (다) 확실성에 대한 요구 24-30절
    - 간구 24절
    - 방법의 어리석음 25,26절
    - 분노의 표현 27절
    - 공의를 베풀어달라는 열정적인 간구 28-30절
- ③ 여호와께 대한 불평 7:1-21절
  - (가) 인생의 괴로움 1-10절
    - 어려운 상황 1-5절
    - 부득이한 수고 1-3절
    - 위로받지 못하는 고난 4-5절
    - 짧은 기간 6-10절
    - 소망없는 신속함 6,7절
    - 돌아올 수 없는 끝 8-10절
  - (나) 하나님께 대한 불평 11-21절
    - 결정 11절
    - 세 가지 호소 12-21절
    - 자신의 흠없음에 근거함 12-15절
    - 자신의 부족함에 근거함 16-19절
    - 죄를 가정함 20,21절

본문 연구

나) 욥의 대답 6:1-7:21

엘리바스의 말을 듣고난 이후의 욥의 대답은 세 부분으로 이루어져 있습니다. 첫번째 부분(6:1-13)은 엘리바스의 비난에 대한 일반적인 관점에서의 대답입니다. 두번째 부분(6:14-30)은 친구에 대한 대답으로, 그와 친구들 사이에 우정을 잃게 되었다는 사실에 대한 불평입니다. 세번째 부분(7:1-21)은 그가 이해할 수 없는 방식으로 행동하시는 하나님에 대한 탄식조의 불평입니다.

① 비난에 대한 응답 6:1-13

욥은 엘리바스의 어법에 대해 항의했습니다. 사실상 그는 엘리바스의 논증에 암시되어 있는 사항에 대해 대답한 것이 아니라, 불합리한 비난에 대해 대답한 것입니다. 엘리바스는 앞에서 욥을 정죄하는 말투를 사용했습니다. 욥은 엘리바스에게 자신의 고통을 알지 못하므로 이 외침을 이해할 수 없을 것이라고 선언했습니다. 그는 욥의 고난을 인정하면서도 이 고난과 재앙이 서로 균형을 이루고 있다고 주장했습니다. 사실이 그렇다면 이 재앙은 그의 경솔한 말조차도 변명할 정도로 심각한 것이었을 것입니다. 그에 대한 하나님의 태도는 그를 가장 괴롭힌 문제였습니다.

제6장
1 욥이 대답하여 가로되
2 나의 분한을 달아 보며 나의
모든 재앙을 저울에 둘 수
있으면
3 바다 모래보다도 무거울
것이라 그럼으로 하여 나의
말이 경솔하였구나
4 전능자의 살이 내 몸에
박히매 나의 영이 그 독을
마셨나니 하나님의 두려움이
나를 엄습하여 치는구나
5 들나귀가 풀이 있으면 어찌
울겠으며 소가 꼴이 있으면
어찌 울겠느냐
6 싱거운 것이 소금 없이
먹히겠느냐 닭의 알 흰자위가
맛이 있겠느냐
7 이런 것을 만지기도 내
마음이 싫어하나니 못된

식물같이 여김이니라
8 하나님이 나의 구하는 것을
얻게 하시며 나의 사모하는 것
주시기를 내가 원하나니
9 이는 곧 나를 멸하시기를
기뻐하사 그 손을 들어 나를
끊으실 것이라
10 그러할찌라도 내가 오히려
위로를 받고 무정한 고통
가운데서도 기뻐할 것은 내가
거룩하신 이의 말씀을 거역지
아니하였음이니라
11 내가 무슨 기력이 있관대
기다리겠느냐 내 마지막이
어떠하겠관대 오히려
참겠느냐
12 나의 기력이 어찌 돌의
기력이겠느냐 나의 살이 어찌
놋쇠겠느냐
13 나의 도움이 내 속에 없지
아니하냐 나의 지혜가 내게서
쫓겨나지 아니하였느냐
14 피곤한 자 곧 전능자,
경외하는 일을 폐한 자를 그
벗이 불쌍히 여길 것이어늘
15 나의 형제는 내게 성실치
아니함이 시냇물의 마름 같고
개울의 잦음 같구나
16 얼음이 녹으면 물이 검어
지며 눈이 그 속에
감취었을찌라도
17 따뜻하면 마르고 더우면
그 자리에서 아주 없어지나니
18 떼를 지은 객들이 시냇가
로 다니다가 돌이켜 광야로
가서 죽고
19 데마의 떼들이 그것을
바라보고 스바의 행인들도
그것을 사모하다가
20 거기 와서는 바라던 것을
부끄리고 낙심하느니라
21 너희도 허망한 자라

그는 이 주장에 대해 예를 들어 변호했습니다. 짐승들은 이유없이 불평하지 않습니다. 짐승들이 울부짖는 것은 무언가 부족한 것이 있기 때문입니다. 야생 나귀는 풀만 있으면 울지 않고 황소도 사료만 있으면 울부짖지 않습니다. 그의 상황은 맛없고 역겨운 음식물과 같았습니다.

이제 그의 슬픔은 그의 영혼으로 밀어닥치는 것 같습니다. 그래서 그는 죽고 싶다고 탄식했습니다. 왜냐하면 그는 이 곤경을 헤치고 나아갈 힘이 자기에게는 없다고 느꼈기 때문입니다. 그는 죽으면, 비난하는 양심으로 인해 고통당하는 일이 없을 것이라고 선언함으로써 자신의 욕망을 변호했습니다. 그는 왜 참아야 했던 것입니까? 그의 힘이 돌처럼 굳세지 않았고 그의 몸이 놋쇠처럼 강하지 못했기 때문입니다.

② 친구들에게 한 대답 6:14-30

그는 자기가 고통당하고 있으므로 불평하는 것은 당연하다고 믿고 열렬하게 대답하다가 이제 친구들에게로 관심을 돌려 신랄하고 격렬하게 그들을 비난합니다. 그는 친구들에게서 부드러운 말을 기대했으나 그 기대는 무산되고 말았습니다. 진짜 친구는, 비록 도덕적 타락으로 말미암아 고난당한다 하더라도 고난당하는 사람을 위로해줄 줄 압니다. 그러나 욥의 경우엔 재앙을 당하자 친구들은 그를 버렸습니다. 그는 더운 날, 증발하기 때문에 여행객이 목을 축일 수 없는 시내의 표상을 사용하여 이 실패를 예증했습니다. 이 표상에는 엘리바스의 태도뿐만 아니라,

매우 잔인한 그런 태도에 대한 언급도 들어있는 것 같습니다. 그는 과거를 돌이켜보면서 친구들을 "나의 형제"라고 부르고, 극심한 곤궁에 처하여 고난 중에 있는 자기에게서 관심을 돌려버리고 아무런 도움도 주지 않는 시내에 그들을 비유합니다. 절망에 빠져서 그는 이렇게 선언했습니다.

"……너희도 허망한 자라
너희가 두려운 일을 본즉 겁내는구나."

이러한 빈정거림은 결국 비난이 되었습니다. 그는 자신이 그들에게 함께 있어 달라거나 구해 달라고 요구하지 않았다는 사실을 생각해볼 때, 그들의 잔인성은 더 분명하게 드러났음을 암시했습니다. 그들이 온 것은 아무런 소용이 없었습니다. 오히려 그들이 그를 도와주지 못했기 때문에 그의 처지는 더욱 절망적인 것이 되고 말았습니다.

이렇게 비난하던 욥은 마침내 친구들에게, 자기를 이런 식으로 일반화하여 넌즈시 비난하지 말고 자신의 잘못을 꼬집어서 말해 달라고 요구했습니다. 그는 자기의 잘못이 무엇인지를 알려달라고 애걸했습니다. 그리고 절망적인 사람의 책망에 찬 어투로 그들의 방법이 어리석다고 항변했습니다. 물론 엘리바스가 행한 일도 바로 이러했습니다. 그의 비난은 욥에 대한 그의 생각에서 비롯된 것입니다.

욥은 친구들에게 조롱을 퍼부음으로써 자기의 분노를 표출했습니다. 그는 그들이 고아를 제비뽑으며 친구를 팔아먹을 자라고 말했습니다. 친구들에게 한 그의 마지막 말

너희가 두려운 일을 본즉
겁내는구나
22 내가 언제 너희에게 나를
공급하라 하더냐 언제 나를
위하여 너희 재물로 예물을
달라더냐
23 내가 언제 말하기를
대적의 손에서 나를 구원하라
하더냐 포악한 자의 손에서
나를 구속하라 하더냐
24 내게 가르쳐서 나의
허물된 것을 깨닫게 하라
내가 잠잠하리라
25 옳은 말은 어찌 그리
유력한지, 그렇지만 너희의
책망은 무엇을 책망함이뇨
26 너희가 말을 책망하려느냐
소망이 끊어진 자의 말은
바람 같으니라
27 너희는 고아를 제비 뽑으
며 너희 벗을 매매할 자로구나
28 이제 너희가 나를 향하여
보기를 원하노라 내가 너희를
대면하여 결코 거짓말 하지
아니하리라
29 너희는 돌이켜 불의한
것이 없게 하기를 원하노라
너희는 돌이키라 내 일이
의로우니라
30 내 혀에 어찌 불의한 것이
있으랴 내 미각이 어찌 궤휼을
분변치 못하랴

은 공의를 베풀어 달라는 간구였습니다.

욥은 자신의 고난을 철학적으로 설명한답시고 떠들어대는 자들이 너무나도 어처구니가 없었습니다. 따라서 고난당하는 사람에 대한 깊은 연민을 갖지 않고 이 글을 읽는다는 것은 불가능한 일입니다.

③ 여호와께 대한 불평 7:1-21

욥은 친구들의 대답을 듣지 않고 처음보다 더 극심한 탄식을 다시 시작했습니다. 절망에 처해있기 때문에 그 탄식은 더 심오하며 더 대담한 것입니다. 그가 이렇게 더 극심한 탄식을 하게된 것은 친구들의 몰이해로 말미암아 너무나도 슬펐기 때문입니다. 사실상 이 탄식은, 어쨌든 불평하는 것은 어리석은 짓이라고 한 엘리바스의 노골적인 비난에 대한 새로운 항거였습니다. 이 탄식에는 두 가지 경향이 있습니다. 첫째, 긴장과 삶의 고난에 관한 불평 (7:1-10) 둘째, 하나님에게 직접 퍼부어진 불평(7:11-21)이 그것입니다. 삶의 고난과 관련해서, 그는 자신의 어려운 처지를 묘사했습니다. 그의 삶의 수고는 격렬하고 무리한 것이었습니다. 사실 그것은 전쟁이나 다름없었습니다. 인간은 아무리 수고해도 유익이 없는 고용인, 즉 하인입니다. 그는 쉼없이 끝없는 고난을 경험하게 됩니다. 그의 안식도 동요에 의해 방해받고, 밤이 길다는 사실 자체도 괴로운 것입니다. 이 묘사가 개인적이라는 것은 그를 괴롭히는 무서운 질병에 의해 입증되었습니다.

영원한 것은 없으므로, 만족할 만한 것도 없습니다. 욥

제7장

1 세상에 있는 인생에게
전쟁이 있지 아니하냐 그 날이
품군의 날과 같지 아니하냐
2 종은 저물기를 심히
기다리고 품군은 그 삯을
바라나니
3 이와 같이 내가 여러 달째
곤고를 받으니 수고로운 밤이
내게 작정되었구나
4 내가 누울 때면 말하기를
언제나 일어날꼬, 언제나
밤이 갈꼬 하며 새벽까지 이리
뒤척, 저리 뒤척 하는구나
5 내 살에는 구더기와 흙
조각이 의복처럼 입혔고 내
가죽은 합창되었다가
터지는구나
6 나의 날은 베틀의 북보다
빠르니 소망 없이 보내는구나
7 내 생명이 한 호흡 같음을
생각하옵소서 나의 눈이 다시
복된 것을 보지 못하리이다
8 나를 본 자의 눈이 다시는
나를 보지 못할 것이고 주의
눈이 나를 향하실찌라도 내가
있지 아니하리이다
9 구름이 사라져 없어짐 같이
음부로 내려가는 자는 다시
올라오지 못할 것이오니
10 그는 다시 자기 집으로
돌아가지 못하겠고 자기

은 이러한 사실을 강조하기 위해 여러가지 표상을 사용하였습니다. 베틀의 북, 바람, 자신을 본 자의 눈, 구름의 사라짐이 그것입니다. 이러한 인생관에는 희망의 빛줄기가 전혀 없습니다.

그래서 그는 삶의 고난에 대해서뿐만 아니라, 하나님에 대해서도 불평했던 것입니다. 이것은 단호한 불평입니다. "내가 …… 금하지 아니하고 …… 말하며 …… 원망하리이다." 그는 자신의 흠없음과 부족함에 근거하여 고난을 중지시켜 달라고 호소하며 비록 자신이 죄를 범했다 하더라도 이 호소를 들어달라고 간청했습니다. 첫번째 호소에서 그는 자기가 바다의 용이냐고 물었습니다. 두번째 호소에서 그는 자기의 날이 헛되다고 선언했습니다. 세번째 호소에서 그는 비록 자신이 죄를 범하기는 했어도 하나님을 해롭게 하지는 않았다고 말했습니다.

이런 고난의 날에 하나님에 대한 비젼이 얼마나 흐려졌는가 하는 것은 그의 다음과 같은 외침과 요구에서 분명하게 드러납니다. 즉, 그는 하나님께서 자기를 홀로 남겨두셨다고 외치고 자신이 매순간마다 시련을 겪어야하는 이유를 알려달라고 요구했습니다. 그와 같이 극심한 곤경에 처해보지 않은 사람은 그런 외침과 불평을 이해할 수 없습니다. 사람의 태도에 대해 곧잘 비난하곤 하는 사람들은 다음과 같은 사실을 기억해야 합니다. 하나님은 비록 우리가 어둠으로 부터 불어오는 의심의 태풍으로 인해 잠시동안 표면이 흔들린다하더라도, 이 불평의 배후에는 확고한 신념이 깔려 있다고 믿고 인내하면서 기다리신다는 사실

처소도 다시 그를 알지
못하리이다
11 그런즉 내가 내 입을
금하지 아니하고 내 마음의
아픔을 인하여 말하며
내 영혼의 괴로움을 인하여
원망하리이다
12 내가 바다니이까
용이니이까 주께서 어찌하여
나를 지키시나이까
13 혹시 내가 말하기를
내 자리가 나를 위로하고
내 침상이 내 수심을 풀리라
할때에
14 주께서 꿈으로 나를
놀래시고 이상으로 나를
두렵게 하시나이다
15 이러므로 내 마음에 숨이
막히기를 원하오니 뼈보다도
죽는 것이 나으니이다
16 내가 생명을 싫어하고
항상 살기를 원치 아니하오니
나를 놓으소서 내 날은 헛것이
니이다
17 사람이 무엇이관대 주께서
크게 여기사 그에게 마음을
두시고
18 아침마다 권징하시며
분초마다 시험하시나이까
19 주께서 내게서 눈을 돌이
키지 아니하시며 나의 침 삼킬
동안도 나를 놓지 아니하시기
를 어느 때까지 하시리이까
20 사람을 감찰하시는 자여
내가 범죄하였은들 주께 무슨
해가 되오리이까 어찌하여
나로 과녁을 삼으셔서 스스로
무거운 짐이 되게 하셨나이까
21 주께서 어찌하여
내 허물을 사하여 주지
아니하시며 내 죄악을 제하여
버리지 아니 하시나이까 내가

이제 흙에 누우리니 주께서
나를 부지런히 찾으실찌라도
내가 있지 아니하리이다

입니다. 친구들이 말없이 그를 불쌍히 여길 때, 그는 탄식을 통해 자신의 인격이 존엄하다는 것, 자신이 하나님과 관계하며 하나님께서 선과 악을 다스리신다는 것에 대한 믿음이 흔들리고 있음을 보여주었습니다.

엘리바스에 대한 이 대답에서 우리는 다음의 세 가지 사실을 엿볼 수 있습니다. 첫째, 그는 모든 것을 상실했습니다. 그러므로 사는 것 자체가 무의미한 것입니다. 둘째, 중대한 문제는 그가 하나님과 관계하고 있다는 사실을 이해하지 못한다는 것입니다. 세째, 그는 지적으로는 자기의 고난을 받아들이는 것처럼 보이지만, 사실은 그것을 완강히 거부하고 있습니다.

이 모든 일은 그가 하나님에 대해 갖고 있는 지식의 한계 때문에 빚어진 것입니다. 그리고 이러한 사실을 기억하면 하나님께서 그를 어떻게 다루시는지를 이해하는 데 도움이 될 것입니다.

“

하나님이 존재하신다는 사실이 전제되지 않으면,

세상의 어떤 존재에 대해서도 만족할 수 없다

– 에스겔 홉킨스 –

”

본문
분해

다) 빌닷 : 예증된 원칙 8:1-22

① 하나님은 절대로 불의하신 분이 아니다 1-7절

(가) 도전 2,3절

(나) 적용 4-7절

자식의 죽음의 의미 4절

하나님의 침묵의 의미 5-7절

② 악인은 언제나 벌을 받는다 8-19절

(가) 제안된 과거에 대한 호소 8-10절

(나) 행해진 과거에 대한 호소 11-19절

불경건한 자의 불확실성 11-13절

거짓 확신의 불필요성 14-19절

③ 선언된 원리 20절

④ 욥에 대한 소망 21,22절

본문
연구

다) 빌닷 8:1-22

빌닷도 엘리바스의 철학에 부합되는 말을 하고 있습니다. 그는 엘리바스보다 더 노골적으로 말을 하고 있습니다. 이 두 사람의 말을 비교할 때 빌닷의 말은 무례하며 강압적입니다. 그는 욥이 엘리바스를 공격한 일을 무시하는 듯합니다. 엘리바스에게 한 욥의 말의 결론은 하나님께서 자신을 부당하게 취급하셨다는 것입니다. 빌닷은 이러한 결론에 항의하면서 엘리바스가 선언한 원칙을 예로 들고 있습니다.

일련의 질문들을 제기함으로써(8:1-7) 그는 하나님께서 부당하실 수도 있다는 사상을 완강히 부인하고 이것을 욥에게 직접 적용시켜 다음과 같이 추론합니다. 욥의 자식들이 죽은 것은 그들의 죄 때문이며 하나님께서 침묵하고 계시다는 그의 생각과 그에게 닥친 모든 악도 그 자신이 정결하거나 바르지 못하기 때문에 임한 것이라고 말합니다. 하나님께서 절대로 불의하시지 않다는 빌닷의 기본적인 신념은 옳은 것입니다. 그러나 이 신념에 대한 선언은 욥에게 전혀 위로가 되지 않았습니다. 왜냐하면 그는 친구들의 비난을 완전히 꿰뚫고 있었기 때문입니다. 이 말의 논리적인 순서는 전혀 결함이 없는 것처럼 보였습니다. 하나님은 절대로 불의하신 분이 아닙니다. 인간이 고난을 당하

제8장

1 수아 사람 빌닷이 대답하여
가로되
2 네가 어느 때까지 이런 말을
하겠으며 어느 때까지 네 입의
말이 광풍과 같겠는가
3 하나님이 어찌 심판을 굽게
하시겠으며 전능하신이가
어찌 공의를 굽게 하시겠는가
4 네 자녀들이 주께
득죄하였으므로 주께서
그들을 그 죄에 붙이셨나니
5 네가 만일 하나님을
부지런히 구하며
전능하신이에게 빌고
6 또 청결하고 정직하면 정녕
너를 돌아보시고 네 의로운
집으로 형통하게 하실 것이라
7 네 시작은 미약하였으나
네 나중은 심히 창대하리라
8 청컨대 너는 옛시대 사람에
게 물으며 열조의 터득한 일을
배울찌어다
9 (우리는 어제부터 있었을
뿐이라 지식이 망매하니
세상에 있는 날이 그림자와
같으니라)
10 그들이 네게 가르쳐 이르
지 아니하겠느냐 그 마음에서
나는 말을 발하지
아니하겠느냐
11 왕골이 진펄이 아니고
나겠으며 갈대가 물 없이
자라겠느냐

12 이런 것은 푸르러도 아직
벨 때 되기 전에 다른 풀보다
일찌기 마르느니라
13 하나님을 잊어버리는 자의
길은 다 이와 같고 사곡한
자의 소망은 없어지리니
14 그 믿는 것이 끊어지고 그
의지하는 것이 거미줄 같은즉
15 그 집을 의지할찌라도
집이 서지 못하고 굳게 잡아도
집이 보존되지 못하리라
16 식물이 일광을 받고
푸르러서 그 가지가 동산에
벋어가며
17 그 뿌리가 돌 무더기에
서리어서 돌 가운데로 들어
갔을찌라도
18 그곳에서 뽑히면 그 자리
도 모르는체하고 이르기를
내가 너를 보지 못하였다
하리니
19 그 길의 희락은 이와 같고
그 후에 다른 것이 흙에서
나리라
20 하나님은 순전한 사람을
버리지 아니하시고 악한 자를
붙들어 주지 아니하신즉
21 웃음으로 네 입에, 즐거운
소리로 네 입술에 채우시리니
22 너를 미워하는 자는
부끄러움을 입을 것이라
악인의 장막은 없어지리라

는 것은 죄 때문입니다. 욥은 지금 고난을 당하고 있습니다. 따라서 욥은 죄를 범한 것입니다. 그런데 문제는 욥이 완전하고 의로운 사람임에도 불구하고 고난을 당했다는 것입니다. 그러므로 그에게 있어서 빌닷의 논증은 위로가 되지 못하고 오히려 문제를 확대시켜 놓은 것이 되었습니다.

두 번째 항(8:8-19)에서 빌닷은 짤막한 진술로 논증하여 자기의 입장을 강조하고자 하였습니다. 즉, 악인은 언제나 벌을 받는다는 것입니다(8:8-10). 그는 욥에게 과거와 조상들의 증언에 호소해야 한다고 말한 다음 몸소 이렇게 호소하였습니다. 바로 뒤에 나오는 단락(8:11-19)은 욥도 잘 알고 있는, 조상들의 문서에서 인용한 것입니다. 이 인용문은 두부분으로 이루어져 있습니다.

첫 번째 부분(11-13)은 불경한 자는 불안전하다고 묘사합니다. 곤경을 맛보지 않고는 기쁨을 누릴 수 없고, 물이 없이는 식물이 자랄 수 없듯이 인간은 하나님 없이는 성공할 수 없습니다. 식물이나 즐거움이 빨리 시드는 것은 발전이나 성장에 필수적인 요소가 부족하기 때문입니다. 그러므로 인간이 고난을 당하는 것도 하나님을 잊고 살았기 때문입니다.

두 번째 부분(14-19)은 거짓 확신의 불필요성에 대해 선언합니다. 하나님 이외에는 인간이 무엇을 믿든지 간에 확고함을 얻을 수 없습니다.

빌닷은 인용문을 사용하여 이 논증을 하고 난 직후, 짤막한 한 문장 안에 다음의 두 가지 사실을 요약하고 있습니다. 첫째는 하나님께선 결코 불의하시지 않다는 것이고, 둘째는 악인은 언제나 벌을 받게 된다는 것입니다.

> "하나님은 순전한 사람을 버리지 아니하시고
> 악한 자를 붙들어 주지 아니하신즉"

이 연설은 욥에 관한 소망의 표현으로 끝납니다.

이와 같이 빌닷도 엘리바스와 같은 입장을 취하고 있습니다. 즉, 하나님은 의로우시며 의인은 번영하고 악인은 벌을 받는다는 것입니다. 그들은 욥에 대해 직접적인 비난을 하지 않습니다. 이러한 논증에서 추론하여 그것을 적용시키는 문제는 그 자신이 할 일이었습니다. 그러나 자녀의 죽음 및 그 자신의 고난에 대해 언급할 때에는 빌닷이 엘리바스보다 더 비난 조의 어투를 사용하고 있습니다.

본문 분해

라) 욥의 대답 9:1-10:22

① 빌닷에 대한 대답 9:1-35

(가) 시인 2a절

(나) 위대한 질문 2b,3절

(다) 논증 3절

여호와 4-14절

지혜 4절

권능 5-10절

지진 5,6절

풍랑과 일식 7절

하늘과 바다 8절

별자리 9절

불가시성 11절

무적 12-14절

욥 15-35절

희망이 없음 15-24절

저항할 수 없는 불화에 대하여 15-21절

우주의 불의에 대하여 22-24절

무력함 25-35절

하나님에 대하여 25-32절

중재인 없음 33-35절

② 하나님께 대한 호소 10:1-22

(가) 질문 1-17절

하나님은 자신이 행하고 계신 일을
즐거워하시는가? 1-3절

하나님의 환상이 잘못인가? 4절

하나님은 욥이 자기를 피할지도 모른다고
두려워하시는가? 5-7절

하나님께서 그를 지으셨는데,
왜 지금 그를 망하게 하고 계시는가? 8-17절

(나) 호소 18-22절

존재와 보존에 항거함 18,19절

유예를 위해 20-22절

본문 연구

라) 욥의 대답 9:1-10:22

욥의 대답은 두 부분으로 이루어져 있습니다. 첫 번째 부분 (9:1-35)은 빌닷에 대한 대답이고, 두 번째 부분(10:1-22)은 하나님에 대한 호소입니다.

① 빌닷에 대한 대답 9:1-35

제9장

1 욥이 대답하여 가로되

빌닷에게 대답하면서 그는 먼저 일반적인 명제가 옳다고 시인하였습니다. 그리고나서 자신이 마음에 품고 있는 문제를 폭로했습니다. 그리고 그것을 자신의 고난에 비추어 논의합니다.

(가) 시인 2a절

2 내가 진실로 그 일이 그런 줄을 알거니와 인생이 어찌 하나님 앞에 의로우랴

"내가 진실로 그 일이 그런 줄을 알거니와"라는 욥의 말은 "하나님은 순전한 사람을 버리지 아니하시고 악한 자를 붙들어주지 아니하신즉"이라는 말 속에 들어 있는 원리를 요약적이면서도 함축적으로 진술한 것입니다. 욥은 하나님께서 절대적으로 순전하다는 견해에 대해 논쟁을 할 생각이 없었습니다. 그가 이해할 수 없다고 여긴 것은 다른 것이었습니다. 그는 문제를 진술하는 과정에서 그 어려움이 어떤 것인지를 분명히 밝혔습니다.

3 사람이 하나님과 쟁변하려 할찌라도 천 마디에 한 마디도 대답하지 못하리라

(나) 위대한 질문 2b,3절

하나님께서 의로운 분이라는 것을 시인하면서 그는 "인생이 어찌 하나님 앞에 의로우랴." 고 묻습니다. 이 구절이 인용되는 방식에도 불구하고 우리는 이것이 욥의 죄의식에 대한 고백이 아니었다고 생각해야 합니다. 그렇게 보는 이유는 욥이 그런 확신을 갖고 있지 않기 때문에 그런 고백을 결코 하지 않았다는 데 있습니다. 이 질문의 참된 의미는 '인간이 어떻게 하나님과 논쟁을 벌여 자기의 의로움을 입증할 수 있겠는가?' 하는 것입니다. 욥은 하나님께서 위대한 분이라는 생각에 사로잡혀 인간이 하나님과 더불어 논쟁을 하고자 할지라도 합법적인 논쟁은 불공정하다고 선언했습니다. 왜냐하면 인간은 하나님께서 제기하시는 수천 가지의 질문 중, 어느 한 가지에 대해서도 대답을 할 수 없기 때문입니다.

이런 입장에 대한 그의 변호를 고찰하다 보면, 그는 자신이 무죄한데도 고난당하고 있는 처지를 도무지 이해할 수 없다고 여기고 있고, 그의 어려움은 하나님과 논쟁하려고 시도하는 것이 아무 소용없다는 생각에 있음을 우리는 깨닫게 될 것입니다.

4 하나님은 마음이 지혜로우시고 힘이 강하시니 스스로 강퍅히 하여 그를 거역하고 형통한 자가 누구이랴
5 그가 진노하심으로 산을 무너뜨리시며 옮기실찌라도 산이 깨닫지 못하며

(다) 논증 4-35절

그는 이 어려움을 다음에 나오는 두드러진 말로 강조하고 있는데, 첫 번째항(4-14)에서 그는 여호와의 지혜와 위대함을 묘사하고, 두 번째항(15-35)에서는 자신의 희망 없음과 무력함을 묘사합니다.

하나님은 지혜로우시고 능력 있는 분이시기 때문에 인간이 그와 논쟁하는 것은 아무 쓸모도 없습니다. "스스로 강퍅히 하여 그를 거역하고 형통한 자가 누구이랴"는 질문은 반역의 무력함을 암시하는 것이 아니라 논쟁의 어리석음을 암시하는 것입니다.

그리고나서 그는 하나님의 권능에 대해 묘사했습니다. 슬픔에 차있는 그가 보기에 하나님의 이런 권능은 어느 누구도 거역할 수 없는 무시무시하고 압도적인 것이었습니다. 그는 지진과 폭풍, 하늘과 바다의 기적과 일식, 별자리 등을 예로 들어 이것을 설명했습니다. 욥이 하나님의 권능에 대해 말하기 위해 사용한 표현들 가운데에서 몇 가지는 하나님 자신이 후일 위대한 현현 때 호소하신 것이라는 사실입니다. 그리고 그것을 주목하는 것은 매우 흥미있는 일입니다. 그러나 그 순간에 하나님의 권능을 자각한다는 것은 인간에게 위로가 되기보다는 오히려 두려움이 됩니다. 왜냐하면 그는 하나님의 권능과 자신이 협력한다기 보다는 오히려 대조된다고 보았기 때문입니다.

더구나 하나님은 눈에는 보이지 않습니다. 하나님의 임재는 무서운 사실이지만, 그분 자신은 보이지도, 알려지지도 않습니다.

또한, 하나님은 어느 누구에게도 정복당하실 수 없는 분입니다. 하나님의 권능을 물리칠 수 있으리라는 희망은 없기 때문에, 인간이 자신의 인생문제에 관해 하나님과 논쟁하려고 시도하는 것은 아무런 소용이 없습니다.

이 문제를 논의하는 과정에서, 욥은 여호와의 위대하심

6 그가 땅을 움직여
그 자리에서 미신즉
그 기둥이 흔들리며
7 그가 해를 명하여 뜨지
못하게 하시며 별들을
봉하시며
8 그가 홀로 하늘을 펴시며
바다 물결을 밟으시며
9 북두성과 삼성과 묘성과
남방의 밀실을 만드셨으며
10 측량할 수 없는 큰 일을,
셀 수 없는 기이한 일을
행하시느니라
11 그가 내 앞으로 지나시나
내가 보지 못하며 그가
내 앞에서 나아가시나 내가
깨닫지 못하느니라
12 하나님이 빼앗으시면 누가
막을 수 있으며 무엇을
하시나이까 누가 물을 수
있으랴
13 하나님이 진노를 돌이키지
아니하시나니 라합을 돕는
자들이 그 아래 굴복하겠거든
14 하물며 내가 감히
대답하겠으며 무슨 말을
택하여 더불어 변론하랴
15 가령 내가 의로울찌라도
감히 대답하지 못하고 나를
심판하실 그에게
간구하였을 뿐이며
16 가령 내가 그를 부르므로
그가 내게 대답하셨을찌라도
내 음성을 들으셨다고는
내가 믿지 아니하리라
17 그가 폭풍으로 나를
꺾으시고 까닭 없이 내 상처를
많게 하시며
18 나로 숨을 쉬지 못하게
하시며 괴로움으로 내게
채우시는구나

19 힘으로 말하면 그가
강하시고 심판으로 말하면
누가 그를 호출하겠느냐
20 가령 내가 의로울찌라도
내 입이 나를 정죄하리니 가령
내가 순전할찌라도 나의
패괴함을 증거하리라
21 나는 순전하다마는 내가
나를 돌아보지 아니하고
내 생명을 천히 여기는구나
22 일이 다 일반이라
그러므로 나는 말하기를
하나님이 순전한 자나 악한
자나 멸망시키신다 하나니
23 홀연히 재앙이 내려 도륙
될 때에 무죄한 자의 고난을
그가 비웃으시리라
24 세상이 악인의 손에
붙이웠고 재판관의 얼굴도
가리워졌나니 그렇게 되게
한 이가 그가 아니시면
누구이뇨
25 나의 날이 체부보다
빠르니 달려가므로 복을 볼 수
없구나
26 그 지나가는 것이 빠른
배 같고 움킬 것에 날아
내리는 독수리와도 같구나
27 가령 내가 말하기를 내
원통함을 잊고 얼굴 빛을 고쳐
즐거운 모양을 하자 할찌라도
28 오히려 내 모든 고통을
두려워하오니 주께서 나를
무죄히 여기지 않으실 줄을
아나이다
29 내가 정죄하심을 입을찐대
어찌 헛되이 수고하리이까
30 내가 눈 녹은 물로 몸을
씻고 잿물로 손을 깨끗이
할찌라도
31 주께서 나를 개천에 빠지
게 하시리니 내 옷이라도

에 대한 성찰을 끝내고 자신의 상황을 고찰하기 시작합니다. 그 자신이 무력하다는 사실은, 비록 그가 하나님께 다가갈 수 있는 권리를 지녔지만 감히 그렇게 할 수 없다는 선언에서 분명하게 드러납니다. 이러한 진술을 하기 전에 먼저 그는 자신이 죄인이라고 생각하고 잠시동안 친구들이 강요했던 결론을 인정합니다. 그러나 그는 만일 자기가 의로웠다면, 이 질문에 대한 대답을 할 수 없었으리라고 말하고, 하나님께서 대답을 해주셨다면, 이 말을 그의 질문에 대한 대답으로 믿을 수 없다고 주장했습니다. 그는 자기에게 일어난 이 이상한 일들을 저항할 수 없는 것으로 여겼습니다. 그는 하나님께서 자기를 용서해주실 것이며 하나님 앞에서 자기 입장을 변호하고자 시도해봐야 결국 정죄를 당하고 만다는 사실을 믿을 수가 없었던 것입니다.

그리고나서 그는 갑자기 자기의 무죄를 단언하고 나섰습니다. 이런 식으로 그는 엘리바스와 빌닷의 철학을 부인했습니다. 즉, 그는 "하나님이 순전한 자나 악한 자나 멸망시키신다."고 선언한 것입니다.

그리고 그는 세상의 법칙이 불의한 것은 불가피한 일이며, 우주 만물이 불의한 상태에 있다고 묘사하였습니다. 그는 이렇게 묘사함으로써 그 모든 책임을 하나님께 돌렸습니다. 그리고 마치 친구들을 통해서 이러한 사실을 깨닫기라도 한 것처럼, 그는 "그렇게 되게 한 이가 그가 아니시면 누구이뇨."라고 묻습니다.

지금 욥이 가장 낮은 수준의 언급을 하고 있다고 우리는 자신 있게 주장 할 수 있을 것입니다. 적어도 잠시 동안 그는 하나님과 싸우는 전사처럼 보입니다. 그 다음에 그는 자신이 당한 시련이 크다는 것을 밝혀주는 통곡을 하고 있지만 그의 마음속 깊은 곳에서는 믿음의 더 심오하고 좋은 일들에 관한 외침이 터져 나옵니다.

그에게 희망이 없어진 것은 그가 하나님에 대한 참된 생각을 잠시 잊어버리고 무력하다고 여겼기 때문이었습니다. 그의 날들에는 즐거움이 전혀 없었습니다. 그가 원기를 회복하고 즐겁게 살기로 결정했다 하더라도, 그는 슬픔을 두려워할 것입니다. 왜냐하면 그는 하나님 앞에서 무죄함을 입증할 수 없다고 믿고 있었기 때문입니다.

빌닷에게 한 그의 마지막 대답은 이 문제에 관한 진술과 밀접한 관련이 있는 것입니다. 인간은 하나님처럼 의로울 수 없습니다. 왜냐하면 하나님은 인간이 아니고, 또 인간은 결코 하나님 앞에서 자기를 변호할 수 없기 때문입니다. 괴로움과 혼란 속에서 그는 모든 사람들에게 가장 필요한 것이 무엇인지에 대해 다음과 같이 표현했습니다. "대질하여 재판할 수도 없고 양척 사이에 손을 얹을 판결자도 없구나." 자신의 부족을 깨달은, 고난에 처한 사람의 입에서 나온 이 외침은 양척 사이에 손을 얹을 판결자를 제공해주는 성육신 사건에 비추어볼 때 충분히 납득이 갑니다.

② 하나님께 대한 호소 10:1-22

빌닷에 대한 대답은 끝나고 이제 하나님께 대한 호소가 나옵니다. 이러한 사실은 하나님에 대한 욥의 신앙의 기본

나를 싫어하리이다
32 하나님은 나처럼 사람이
아니신즉 내가 그에게
대답함도 불가하고 대질하여
재판할 수도 없고
33 양척 사이에 손을 얹을
판결자도 없구나
34 주께서 그 막대기를 내게
서 떠나게 하시고 그 위엄으로
나를 두렵게 하지 아니
하시기를 원하노라
35 그리하시면 내가 두려움
없이 말하리라 나는 본래
그런 자가 아니니라

제10장

1 내 영혼이 살기에 곤비하니
내 원통함을 발설하고 내
마음의 괴로운대로 말하리라
2 내가 하나님께 아뢰오리니

나를 정죄하지 마옵시고 무슨
연고로 나로 더불어
쟁변하시는지 나로 알게
하옵소서
3 주께서 주의 손으로 지으신
것을 학대하시며 멸시하시고
악인의 꾀에 빛을 비취시기를
선히 여기시나이까
4 주의 눈이 육신의
눈이니이까 주께서 사람의
보는 것처럼 보시리이까
5 주의 날이 어찌 인생의 날과
같으며 주의 해가 어찌 인생의
날과 같기로
6 나의 허물을 찾으시며 나의
죄를 사실하시나이까
7 주께서는 내가 악하지 않은
줄을 아시나이다 주의 손에서
나를 벗어나게 할 자도
없나이다
8 주의 손으로 나를 만드사
백체를 이루셨거늘 이제
나를 멸하시나이다
9 기억하옵소서 주께서
내 몸 지으시기를 흙을 뭉치듯
하셨거늘 다시 나를 티끌로
돌려 보내려 하시나이까
10 주께서 나를 젖과 같이
쏟으셨으며 엉긴 젖처럼
엉기게 하지 아니하셨나이까
11 가죽과 살로 내게 입히시
며 뼈와 힘줄로 나를 뭉치시고
12 생명과 은혜를 내게 주시
고 권고하심으로 내 영을
지키셨나이다
13 그러한데 주께서 이것들을
마음에 품으셨나이다 이 뜻이
주께 있은 줄을 내가 아나이다
14 내가 범죄하면 주께서
나를 죄인으로 인정하시고
내 죄악을 사유치
아니하시나이다

적인 힘을 분명하게 밝혀줍니다. 욥은 인간이 하나님처럼 의로울 수 없으며 하나님 앞에서 자기의 입장을 변호할 수 없다고 말했으면서도 정작 자신은 그렇게 하고 있습니다. 하나님에 대한 믿음과 생각이 그 자신이 알고 있는 것보다 더 크다는 확신을 피할 수는 없습니다. 빌닷에게 대답하던 욥은 마치 하나님이 앞에 계시기라도 하듯이 자신의 고통을 말로 쏟아냅니다. 그는 아주 의도적으로 이 말을 하고 있습니다. 그런 사실은 "내가 ~하나이다."라는 말이 세 번 반복되었다는 점에서 입증됩니다. 이 호소는 결코 희망에 찬 것이 아니었지만, 호소임에는 틀림이 없습니다. 이성적으로 그는 하나님과 논쟁을 벌이는 것이 아무런 소용도 없음을 믿었지만, 그의 의지는 이런 지적인 개념에 예속되기를 거부하고 마음의 감동에 따라 대답했습니다. "내 원통함을 발설하고 내 마음의 괴로운 대로 말하리라. 내가 하나님께 아뢰오리니."

(가) 질문 1-17절

이런 식으로 결정을 내린 욥은 일련의 질문들을 쏟아내기 시작했습니다. 그는 다음과 같이 물었습니다. 하나님은 왜 인간과 논쟁하실까? 하나님은 자신이 행하고 계신 일을 기뻐하시는가? 하나님의 눈이 인간처럼 나빠서 실제로 보실 수 없는 것일까? 하나님께서 욥이 자기를 피할까봐 두려워할 만큼 자신의 날과 해가 짧았는가? 그는 마지막 질문에 대해 장황하게 논증했습니다. 하나님은 자신이 지으신 인간을 왜 망하게 하시려 하는가? 그는 이러한 생각을 자세히 언급하면서 하나님께서 자신을 창조하셨다고 묘사하고, 하나님께서 과거에는 자신을 자비롭게 대하셨다고 말합니다. 그리고나서 그는 자신이 겪은 무서운 고통과 자기 입장을 변호할 능력이 없다는 사실을 언급합니다.

이 질문들은 고통으로 가득차 있으며 번민으로 점철되어 있습니다. 이 광경은 숭고함으로 가득차 있습니다. 이 질문은 고통당하고 상심하고 상처입은 사람의 입에서 나온 것입니다. 이 질문을 할 때, 그는 자신이 올바른 인생길에서 벗어난 줄도 모르며 하나님께서 자신을 고난 가운데로 몰아 넣은 까닭이 무엇인가 하는 문제에 사로잡혀 있었습니다. 그는 이성적으로 판단할 때, 자신이 하나님 앞에서 자신의 입장을 변호할 수 없다고 생각하면서도 하나님 앞에서 그렇게 하고 있었던 것입니다. 그는 하나님께 찬양과 찬송을 드리지 않았으며, 비록 그 자신이 하나님의 처사를 납득할 수 있다고 생각하진 않았지만, 그에게는 피난처가 있었습니다. 그것은 자신의 처지를 불평하는 것이었습니다. 그래서 그는 하나님께 불평을 했던 것입니다.

(나) 호소 18-22절

이러한 질문들과 불평을 토대로 하여 그는 하나님께 호소했습니다. 그는 자기를 존재케 하신 일에 대해 항의한 다음, 어서 속히 죽여달라고 간청했습니다. 그의 고통이 극심하다는 것은 죽음에 관한 음울한 묘사에서 분명하게 드러납니다. 앞에서 그는 죽음을 안식과 중지의 땅으로 생각했지만, 지금은 그것조차 두려워합니다. 죽음은 질서가

15 내가 악하면 화가 있을
것이오며 내가 의로울찌라도
머리를 들지 못하올 것은
내 속에 부끄러움이 가득하고
내 환난을 목도함이니이다
16 내가 머리를 높이 들면
주께서 사자처럼 나를
사냥하시며 내게 주의 기이한
능력을 다시 나타내시나이다
17 주께서 자주자주 증거하는
자를 갈마들여 나를 치시며
나를 향하여 진노를
더하시니 군대가 갈마들어
치는것 같으니이다

18 주께서 나를 태에서
나오게 하셨음은
어찜이니이까 그렇지
아니하였더면 내가 기운이
끊어져 아무 눈에도
보이지 아니하였을 것이라
19 있어도 없던것 같이 되어
서 태에서 바로 무덤으로
옮겼으리이다
20 내 날은 적지
아니하니이까 그런즉
그치시고 나를 버려두사
저으기 평안하게 하옵시되
21 내가 돌아오지 못할 땅 곧
어둡고 죽음의 그늘진 땅으로
가기 전에 그리하옵소서
22 이 땅은 어두워서 흑암
같고 죽음의 그늘이 져서 아무
구별이 없고 광명도 흑암
같으니이다

없는 어둠의 땅입니다. 그가 간절히 바란 것은 자신이 억압적인 근심의 삶에서 나와 어두운 무질서의 죽음으로 들어가기 이전의 유예였습니다.

욥에 대해 생각할 때 그를 비난하고 싶은 생각이 들 수도 있겠지만, 우리는 이 책 전체에 걸쳐 하나님께서 욥에 대해 비난하지 않으신다는 사실을 기억해야 합니다. 그가 하나님에 대해 한 이 말들은 무서운 것이지만, 그는 정직했습니다. 그의 말에는 가식도 위선도 없었습니다

"

세속적인 것들을 필요 이상으로 사랑하면

그의 마음은 하나님을 향한 참된 사랑에서 멀어진다

– 토마스 아 캠피스 –

"

본문 분해

마) 소발:적용된 원리 11:1-20

① 최초의 비난 2-6절

(가) "말이 많은 사람"

(나) "너는 …… 라고 말한다"

(다) "하나님의 벌하심이 …… 보다 경하니라"

② 측량할 수 없는 하나님 7-12절

(가) 불가해하심 7절

(나) 보편적이심 8,9절

(다) 통치하심 10-12절

③ 회복할 수 있는 방법 13-19절

④ 마지막 경고 20절

본문 연구

마) 소발 11:1-20

욥이 말을 중단하자 세 친구 중 마지막 사람인 소발이 그에게 대답했습니다. 그는 빌닷보다 훨씬 더 노골적으로 대답했습니다. 사실 그의 말은 엘리바스나 빌닷에게서는 찾아볼 수 없을 만큼 퉁명스럽고 직접적이었습니다. 그가 그런 태도를 취한 것은 그가 앞의 두 사람과는 기질이 전혀 다른 사람이었다거나 욥이 더 분명하고도 대담하게 자기의 무죄를 주장함으로써 그들의 철학을 거부했기 때문일 것입니다. 그는 욥을 엄하게 꾸짖었으며, 하나님의 불가해하심을 선언할 때에는 아름다운 표현을 사용했습니다. 게다가 그는 하나님과의 관계를 회복할 수 있는 길을 암시하면서 마지막 경고를 했습니다.

① 최초의 비난 11:2-6

그는 먼저 욥을 "말이 많은" 사람, 혹은 보다 문자적으로 "입술이 가벼운 사람"으로 묘사함으로써 "말이 많다"고 주장했습니다. 이것은 욥에 대한 퉁명스럽고 거친 묘사였습니다. 소발은 이런 식으로 말함으로써 욥이 말한 모든 것을 경멸한다는 것을 보여주고, 아무리 자신이 의롭다고 자랑하더라도 그것 때문에 친구들이 입을 다물지는 않을 것이라고 선언했습니다. 욥에 대한 소발의 비난은 " 네 말이 내 도는 정결하고 나는 주의 목전에 깨끗하다 하는도

제11장

1 나아마 사람 소발이
대답하여 가로되
2 말이 많으니 어찌 대답이
없으랴 입이 부픈 사람이 어찌
의롭다 함을 얻겠느냐
3 네 자랑하는 말이 어떻게
사람으로 잠잠하게 하겠으며
네가 비웃으면 어찌 너를
부끄럽게 할 사람이 없겠느냐
4 네 말이 내 도는 정결하고
나는 주의 목전에 깨끗하다
하는구나
5 하나님은 말씀을 내시며
너를 향하여 입을 여시고
6 지혜의 오묘로 네게
보이시기를 원하노니 이는
그의 지식이 광대하심이라
너는 알라 하나님의 벌하심이
네 죄보다 경하니라

7 네가 하나님의 오묘를 어찌
능히 측량하며 전능자를 어찌
능히 온전히 알겠느냐
8 하늘보다 높으시니 네가
어찌 하겠으며 음부보다
깊으시니 네가 어찌 알겠느냐
9 그 도량은 땅보다 크고
바다보다 넓으니라
10 하나님이 두루 다니시며
사람을 잡아 가두시고
개정하시면 누가 능히
막을소냐
11 하나님은 허망한 사람을
아시나니 악한 일은 상관치
않으시는듯하나 다
보시느니라
12 허망한 사람은 지각이
없나니 그 출생함이 들나귀
새끼 같으니라

13 만일 네가 마음을 바로
정하고 주를 향하여 손을
들 때에
14 네 손에 죄악이 있거든
멀리 버리라 불의로 네 장막에
거하지 못하게 하라
15 그리하면 네가 정녕 흠
없는 얼굴을 들게 되고 굳게
서서 두려움이 없으리니
16 곧 네 환난을 잊을 것이라
네가 추억할찌라도 물이
흘러감 같을 것이며
17 네 생명의 날이 대낮보다
밝으리니 어두움이 있다
할찌라도 아침과 같이
될 것이요
18 네가 소망이 있으므로
든든할찌며 두루 살펴보고
안전히 쉬리니
19 네가 누워도 두렵게 할
자가 없겠고 많은 사람이
네게 첨을 드리리라

다"라는 말로 표현되었습니다.

욥이 앞의 기록된 연설에서는 이런 식으로 선언한 적이 없지만, 빌닷에게 "나는 순전하다마는"이라고 한 말이나 "내가 악하지 않은 줄 아시나이다."라고 하나님께 호소한 말에서 이런 점을 엿볼 수 있습니다.

그리고나서 그는 하나님께서 욥에게 지혜의 비밀을 일깨워주시기를 바라는 소망을 표현하였으며, 만일 하나님께서 그렇게 해주시면 그의 모든 고난이 죄 때문임을 깨닫게 되리라는 확신을 단언했습니다.

② 측량할 수 없는 하나님 11:7-12

욥은 하나님께서 지혜로우신 분임을 확증했으며 소발도 그 점을 중점적으로 다루었습니다. 그러므로 욥기에서 가장 아름다운 구절들 중 한 구절에서 그는 하나님의 지혜를 재확인하고 하나님께서 인간들의 모든 것을 알고 계시다고 선언했습니다. 그는 이 지혜를 측량할 수 없는 것으로 묘사했습니다. 따라서 어느 누구도 그것을 완벽하게 알 수 없는 것입니다. 더구나 이 지혜는 피조물 전체를 포함하는 보편적인 것입니다. 소발은 하늘과 지옥을 경계로 삼아, 이런 사실을 비유적으로 묘사했습니다. 더구나 이 지혜는 하나님의 통치와 관련이 있습니다. 왜냐하면, 하나님은 지식에 기초하여 판단을 내리시기 때문입니다.

③ 회복할 수 있는 방법 11:13-19

그리고나서 그는 죄인이 죄를 멀리함으로써 하나님과의

관계가 회복될 수 있다고 선언했습니다. 고난을 피할 수 있는 일을 행함으로써 안식을 누릴 수 있는 것입니다.

④ 마지막 경고 11:20

20 그러나 악한 자는 눈이 어두워서 도망할 곳을 찾지 못하리니 그의 소망은 기운이 끊침이리라

소발의 마지막 말은 앞 단락의 희망에 찬 말과는 완전히 대조를 이루는 경고적인 것입니다.

이 말은 사실상 엘리바스나 빌닷과 똑같은 철학에 대한 재천명입니다. 소발도 욥의 고난의 책임을 욥의 죄에 돌리고 있습니다. 그러나 그의 주장은 다른 친구들보다 더 사려 깊고 예민한 것이었습니다. 왜냐하면 그도 다른 친구들과 같이 일반적인 사상에 입각해서 주장하고 있기는 하지만, 그는 욥이 자신의 죄를 깨닫지 못하고 있다는 사실을 인정하고 있기 때문입니다. 그러나 그는 욥이, 자기 자신보다 더 많은 것을 알고 계신 하나님께 자신을 내어 맡겨야 한다고 선언했습니다. 소발은 이제까지 그 어떤 친구도 하지 않았던 가혹한 말을 했습니다. 즉, 그는 자기 죄를 아는 사람은 그 죄가 자신이 당하는 고난보다 더 크다는 것을 깨닫게 되리라고 선언했던 것입니다. 그러나 비록 거친 말투를 사용하고는 있지만, 그는 욥에 대한 바람과 소망을 분명히 밝혔습니다. 그는 욥이 올바른 마음 자세를 가질 경우, 그가 누리게 될 안락함에 대해 엘리바스나 빌닷보다 더 장황하게 그리고 더 아름다운 어투로 묘사하고 있습니다.

본문 분해

바) 욥의 대답 12:1-14:22

① 친구에 대해 :비난 12:1-25

(가) 비난 1-6절

풍자 1,2절

비난 3,4절

경멸 5,6절

(나) 하나님을 아는 지식에 대한 주장 7-25절

분명하신 하나님 7-12절

자연에서 7-10절

경험에서 11,12절

역사 하시는 하나님 13-25절

자연계 13-15절

지체 높은 자들 16-22절

민족들 23-25절

② 자신에 대해 : 단호한 말 13:1-22

(가) 하나님께 호소하려는 의도 1-3절

(나) 친구들에 대한 경고 4-12절

그는 그들을 고발한다 4,5절

그는 그들을 탄핵한다 6-11절

그는 그들의 논증을 기각한다 12절

(다) 호소 준비 13-22절

단호함 13-15절

확신 16-19절

조건 20-22절

③ 하나님에 대해 :호소 13:23-14:22

(가) 내 죄가 무엇인가? 13:23-28

요구 23-25절

묘사된 하나님의 태도 26-28절

(나) 덧없는 인생 14:1-6

(다) 인생의 종말이 끝없음 7-12절

(라) 삽입적인 희망에 찬 질문 13-15절

(마) 대조적인 현재 상태 16-22절

본문 연구

바) 욥의 대답 12:1-14:22

첫 번째 항에 들어 있는 욥의 마지막 대답은 논증 전체에 관한 것이지 소발의 논증에 관한 것이 아닙니다. 처음부터 끝까지 욥의 대답은 냉소로 가득 차 있습니다. 그는 한결같이 자신의 개인적인 죄를 부인했습니다. 이 연설은 세 부분으로 이루어져 있는데, 첫 번째 부분(12:1-25)에서 그는 친구들을 비난하고, 두 번째 부분(13:1-22)에서는 개인적인 단언을 하고, 마지막 부분(13:23-14:22)에서는 하나님께 직접 호소합니다.

① 친구들에 대해 : 비난 12:1-25

첫 번째 항에서 욥은 세 친구의 하나님에 대한 해석을 경멸합니다. 그는 자신이 그들보다 하나님에 대해 더 많이 알고 있다는 것입니다. 이 항은 두 부분으로 이루어져 있는데, 첫 번째 부분(1-6절)에서 그는 그들을 질책하고, 두 번째 부분(7-25절)에서 그는 하나님에 대한 자신의 지식을 보여주었습니다.

(가) 비난 1-6절

그는 맨 먼저 매우 풍자적인 어조로 그들을 경멸합니다. "너희만 참으로 사람이로구나 너희가 죽으면 지혜도 죽겠

제12장

1 욥이 대답하여 가로되
2 너희만 참으로
사람이로구나 너희가 죽으면
지혜도 죽겠구나
3 나도 너희 같이 총명이 있어
너희만 못하지 아니하니
그같은 일을 누가 알지
못하겠느냐
4 하나님께 불러 아뢰어
들으심을 입은 내가 이웃에게
웃음 받는 자가 되었으니
의롭고 순전한 자가
조롱거리가 되었구나
5 평안한 자의 마음은 재앙을
멸시하나 재앙이 실족하는
자를 기다리는구나
6 강도의 장막은 형통하고
하나님을 진노케 하는 자가
평안하니 하나님이 그 손에
후히 주심이니라
7 이제 모든 짐승에게 물어
보라 그것들이 네게
가르치리라 공중의 새에게
물어 보라 그것들이 또한
네게 고하리라
8 땅에게 말하라 네게
가르치리라 바다의 고기도
네게 설명하리라
9 이것들 중에 어느 것이
여호와의 손이 이를
행하신줄을 알지 못하랴
10 생물들의 혼과 인생들의
영이 다 그의 손에 있느니라

11 입이 식물의 맛을 변별함
같이 귀가 말을 분변하지
아니하느냐
12 늙은 자에게는 지혜가
있고 장수하는 자에게는
명철이 있느니라
13 지혜와 권능이 하나님께
있고 모략과 명철도 그에게
속하였나니
14 그가 헐으신즉 다시 세울
수 없고 사람을 가두신즉
놓이지 못하느니라
15 그가 물을 그치게 하신즉
곧 마르고 물을 내신즉 곧
땅을 뒤집나니
16 능력과 지혜가 그에게
있고 속은 자와 속이는 자가
다 그에게 속하였으므로
17 모사를 벌거벗겨 끌어
가시며 재판장으로 어리석은
자가 되게 하시며
18 열왕의 맨 것을 풀어
그들의 허리를 동이시며
19 제사장들을 벌거벗겨
끌어 가시고 권력이 있는 자를
넘어뜨리시며
20 충성된 자의 말을 없이
하시며 늙은 자의 지식을
빼앗으시며
21 방백들에게 멸시를
쏟으시며 강한 자의 띠를
푸시며
22 어두운 가운데서 은밀한
것을 드러내시며 죽음의
그늘을 광명한데로 나오게
하시며
23 만국을 커지게도 하시고
다시 멸하기도 하시며
열국으로 광대하게도 하시고
다시 사로잡히게도 하시며
24 만민의 두목들의 총명을
빼앗으시고 그들을 길 없는

구나." 그리고나서 그는 자신이 그들 못지 않게 하나님을 잘 알고 있다고 선언하면서, 그들이 말한 모든 것은 누구든지 다 아는 평범한 것이라고 지적하고 있습니다. 그리고나서 그는 그들이 자기를 경멸했다고 묘사함으로써 그들에 대한 자신의 경멸을 표현했습니다. 그는 그들이 하나님과 교제를 가지고 있고 의로운 품성을 지닌 자기를 조롱한다고 비난했습니다.

(나) 하나님을 아는 지식에 대한 주장 7-25절

그리고나서 그는 그들이 하나님에 대해 강조한 것들에 관한 논의로 돌아가서, 그들이 자랑하는 지식은 자명한 일들에 관한 것이라고 선언했습니다. 짐승들과 공중과 땅의 새들, 그리고 물고기들도 이러한 것들을 알고 있으며 사람을 가르칠 수 있다는 것이었습니다.

이 모든 것들이 하나님의 역사이며 하나님께서 그것들을 확증한다는 것은 가장 간단한 지식이었습니다. 더구나 이 하나님은 우주 안에서 적극적으로 활동하시며 그의 지혜는 의심할 여지가 없습니다.

그는 자연계와 위인들 사이에서, 즉 능력 있고 지배적인 재판관과 임금들 사이에서, 그리고 끝으로 흥망성쇠를 거듭하는 민족들 가운데서 역사 하시는 하나님을 열정적으로 힘차게 묘사했습니다.

지금까지 그는 그들의 비난에 대해 항의하거나 그들의 철학이 잘못되었음을 폭로하려고 하지 않았습니다. 소발은 자신들이 욥보다 하나님에 대해 더 많이 알고 있는 것처럼 말했으며, 욥이 고난을 당하는 것은 오로지 그의 죄 때문이라고 굳게 믿었습니다. 그는 처음에 자기도 하나님을 알고 있다고 말하면서 그들을 멸시하고, 자신이 그들보다 하나님을 더 잘 알고 있다고 주장했습니다.

② 자신에 대해 : 단호한 말 13:1-22

욥은 이 사람들이 서로 경쟁한다는 사실뿐만 아니라 그들이 자신에게 그와 같은 논증을 한 이유도 알고 있었던 것 같습니다. 그리고 다음 부분에서 그는 하나님께 호소하기로 결심했다고 단언합니다. 그는 먼저 이런 일을 계획했다고 선언하고, 그 다음 친구들에게 한번 더 그런 말을 하고 나서 마지막으로 호소할 준비를 시작했습니다.

(가) 하나님께 호소하려는 의도 1-3절

욥은 장황하게 주장한 것, 즉 자신의 지식이 그들의 지식보다 결코 부족하지 않다는 것을 요약해서 다시 한번 언급한 다음, 이제 친구가 아니라 하나님께 호소하겠다고 선언했습니다.

(나) 친구들에 대한 경고 4-12절

그는 자신에 대해 취한 친구들의 태도에 아낌없이 경멸을 표했습니다. 욥은 그들을 "거짓말을 지어내는 자" 요 "쓸데없는 의원" 이라고 묘사하면서 그들의 주장을 그들 자신에게로 돌리고 있습니다. 그들은 하나님께선 의로우신 분이며 하나님은 인간의 행위에 따라 보응하신다고 선

거친 들로 유리하게 하시며
25 빛 없이 캄캄한데를
더듬게 하시며 취한 사람 같이
비틀거리게 하시느니라

제13장

1 나의 눈이 이것을 다 보았고
나의 귀가 이것을 듣고
통달하였느니라
2 너희 아는 것을 나도 아노니
너희만 못한 내가 아니니라
3 참으로 나는 전능자에게
말씀하려 하며 하나님과
변론하려 하노라
4 너희는 거짓말을 지어내는
자요 다 쓸데 없는 의원이니라
5 너희가 잠잠하고
잠잠하기를 원하노라 이것이
너희의 지혜일 것이니라
6 너희는 나의 변론을 들으며
내 입술의 변명을 들어 보라
7 너희가 하나님을 위하여
불의를 말하려느냐 그를
위하여 궤휼을 말하려느냐
8 너희가 하나님의 낯을
좇으려느냐 그를 위하여
쟁론하려느냐
9 하나님이 너희를
감찰하시면 좋겠느냐 너희가
사람을 속임 같이 그를
속이려느냐
10 만일 가만히 낯을
좇을찐대 그가 정녕 너희를
책망하시리니
11 그 존귀가 너희를 두렵게
하지 않겠으며 그 위엄이
너희에게 임하지 않겠느냐

12 너희 격언은 재 같은 속담이요 너희의 방어하는 것은 토성이니라

언했습니다. 그들은 하나님을 위하여 불의를 말하고 있었으며 그를 위하여 궤휼을 말하고 있었던 것입니다. 그는 그들에게 하나님의 인격을 존중하고 그에게 호의를 베풀라고 제안했습니다.

그 다음에 그는 또 그들에게 그들의 숨은 동기를 꿰뚫어 보고 계시는 하나님을 염두에 두라고 제안하고 그들 위에 임하는 하나님의 심판을 받아들일 준비를 하라고 말했습니다.

그는, 하나님에 대한 편파적인 생각 때문에 그들의 판단력이 흐려졌다고 비난하고 하나님 자신이 그들의 변호를 받아들이지 않으실 것이라고 선언했습니다.

그는 그들의 주장을 완전히 무가치한 것으로 여기고 "너희 격언은 재같은 속담이요."라고 선언했습니다. 여기에서 "격언"이라는 말은 고대인들의 속담을 인용한 것을 뜻합니다. 빌닷은 이러한 속담들을 자주 인용했는데, 그 중에서 욥의 경우에 해당하는 것은 하나도 없었습니다. 욥은 그들이 행한 하나님에 대한 변호를 "토성"이라고 묘사했습니다. 즉, 이 말은 그 변호가 쉽게 깨지기 때문에 쓸모가 없다는 뜻입니다.

13 너희는 잠잠하고 나를 버려두어 말하게 하라 무슨 일이 임하든지 내가 당하리라
14 내가 어찌하여 내 살을 내 이로 물고 내 생명을 내 손에 두겠느냐
15 그가 나를 죽이시리니 내가 소망이 없노라 그러나

(다) 호소 준비 13-22절

친구들에게 조용히 하고 자기를 내버려두라고 간청한 다음, 욥은 결과가 어떻게 되든지 간에 하나님께 호소하기로 결심했다고 고지했습니다. 그는 그것이 상당히 어려운 일인 줄 알고 있지만, 그렇게 하지 않을 수 없다고 생각

합니다.

"그가 나를 죽이시리니 내가 소망이 없노라
그러나 그의 앞에서 내 행위를 변백하리라."

한편, 이 구절이 자주 이렇게 번역되고 이 번역이 널리 사용되었다 하더라도, 문맥 전체를 살펴보면 그의 이러한 태도 변화는 당연한 것입니다.

앞에서 그는 하나님 앞에서 자기를 변호할 수 없다고 선언했습니다. 그러던 그가 지금은 하나님께 직접적으로 호소하려고 하면서 그로 말미암아 자기가 죽게 될지도 모른다고 생각했습니다. 그러나 친구들에게서 아무런 도움도 받을 수 없다고 생각한 그는 최후 수단으로 온갖 위험을 무릅쓰고서라도 하나님과 대면해야겠다고 결심했던 것입니다.

이러한 자기의 결심을 말하고 나서 그는 불경건한 자는 들을 수 없다는 확신에서 어느 정도 위안을 얻었다고 선언했습니다. 그리고나서 그는 친구들을 향해 귀를 기울여 들어보라고 호소했습니다. 그는 자기의 무죄를 다시 한번 주장하고 나서 죽음을 무릅쓰고서라도 하나님께 호소할 준비를 했습니다. 그 다음 하나님께 실제로 호소를 하기 전에 먼저 두 가지 조건을 제시했습니다. 첫째, 주의 손을 자기에게 대시지 말라는 것. 둘째, 주의 위엄으로 자기를 두렵게하지 말라는 것이었습니다. 이런 조건들이 수락되면 자기를 변호하겠다고 선언했습니다. 하나님께서 부르시면

그의 앞에서 내 행위를
변백하리라
16 사곡한 자는 그의 앞에
이르지 못하나니 이것이 나의
구원이 되리라
17 너희는 들으라 내 말을
들으라 나의 설명을 너희 귀에
담을찌니라
18 보라 내가 내 사정을 진술
하였거니와 내가 스스로
의로운줄 아노라
19 나와 변론할 자가
누구이랴 그러면 내가
잠잠하고 기운이 끊어지리라
20 오직 내게 이 두 가지 일을
행하지 마옵소서 그리하시면
내가 주의 얼굴을 피하여
숨지 아니하오리니
21 곧 주의 손을 내게 대지
마옵시며 주의 위엄으로 나를
두렵게 마옵실 것이니이다
22 그리하시고 주는 나를
부르소서 내가 대답하리이다
혹 나로 말씀하게 하옵시고
주는 내게 대답하옵소서

23 나의 불법과 죄가 얼마나
많으니이까 나의 허물과
죄를 내게 알게하옵소서
24 주께서 어찌하여 얼굴을
가리우시고 나를 주의
대적으로 여기시나이까
25 주께서 어찌하여 날리는
낙엽을 놀래시며 마른 검불을
따르시나이까
26 주께서 나를 대적하사
괴로운 일들을 기록하시며 나
로 나의 어렸을 때에 지은
죄를 받게 하시오며
27 내 발을 착고에 채우시며
나의 모든 길을 살피사
내 발자취를 한정하시나이다
28 나는 썩은 물건의 후패함
같으며 좀먹은 의복
같으니이다

그가 대답할 것이고 또 그가 하나님께 말을 걸면 하나님께서 대답하실 것입니다.

③ 하나님께 대해 : 호소 13:23-14:22

이런 예비 사항들을 다룬 후에 욥은 하나님께 직접적으로 호소하였습니다. 이 호소에는 다섯 가지의 사항이 들어 있습니다. 첫 번째 사항 (13:23-28)은 자기의 죄가 무엇인지를 말해달라는 것이었습니다. 두 번째 사항(14:1-6)에서는 인생의 덧없음을 묘사하고 자비를 베풀어달라고 간청하고 있습니다. 세 번째 사항 (14:7-12)은 죽음의 끝없음을 강조하고 죽음의 희망 없음을 단언합니다. 네 번째 사항 (14:13-15)은 삽입적인 것으로서 소망의 문제를 다룹니다. 다섯 번째 사항(14:16-22)은 대조법을 사용하여 현재 상태의 비애를 묘사합니다.

(가) 내 죄가 무엇인가? 13:23-28

욥은 친구들의 비난 때문에 극심한 고통을 겪고 있었던 것 같습니다. 이제 그는 하나님께 자기의 죄가 무엇인지 알려달라고 요청하고 있습니다. 사실적이면서도 소름끼치는 말로 그는 하나님께서 자기에게 끊임없이 고통을 안겨준다고 말했습니다. 게다가 그는 자기가 어린 시절에 저지른 잘못을 깨닫고 있다고 시인하는 것 같지만, 그의 이 말 속에는 그 잘못에 비해 지금 자기가 당하는 고난은 너무 큰 것처럼 여겨진다는 뜻이 담겨있습니다. 그래서 그는 자기가 무슨 죄 때문에 이토록 심한 고난을 당하는 것인지 알려달라고 간청했던 것입니다.

(나) 덧없는 인생 14:1-6

그 다음에 욥은 보다 일반적인 입장을 취하고 있는 것 같습니다. 인생은 덧없는 고해입니다. 그러므로 하나님이 자기를 불쌍히 여기셔서 침묵의 시간을 단축하셔야 한다고 그는 주장했습니다. 여기에서 그는 인간의 본성이 부정하다는 것을 시인하고 부정한 것에서 정한 것이 나올 수 있는지에 대해 물었습니다. 그는 이런 의미에서 인생의 덧없음과 고난이 죄에서 비롯된 것이라면, 그것은 마땅히 견뎌내야 할 것이라고 말하고 인간은 고용인으로서의 자기 인생을 마감할 수 있도록 허용되어야 한다고 주장했습니다. 이 모든 사실은 욥이 일반적으로 사람들이 당하는 고난보다 자기의 고난이 더 극심하다고 믿고 있음을 보여줍니다.

(다) 인생의 종말이 끝없음 14:7-12

인생이 덧없다고 생각하던 욥은 이제 인생의 종말에 대해 생각하기 시작합니다. 그러나 욥은 거기에서도 희망의 빛을 보지 못했습니다. 그는 다시 발아할 나무에는 소망이 있으나 인간에 대해서는 아무런 소망도 간파할 수가 없다고 선언했습니다. 죽어가는 사람은 땅에 있으나 나무처럼 다시 돌아올 사람은 없습니다. 그러나 이 어두운 견해에도 잊을 수 없는 긍정과 의문이 있습니다. "사람은 죽으면 소멸되나니 그가 어디 있느뇨."

제14장

1 여인에게서 난 사람은 사는
날이 적고 괴로움이 가득하며
2 그 발생함이 꽃과 같아서
쇠하여지고 그림자 같이
신속하여서 머물지
아니하거늘
3 이와 같은 자를 주께서
눈을 들어 살피시나이까
나를 주의 앞으로 이끌어서
심문하시나이까
4 누가 깨끗한 것을 더러운 것
가운데서 낼수 있으리이까
하나도 없나이다
5 그 날을 정하셨고 그 달
수도 주께 있으므로 그 제한을
정하여 넘어가지 못하게
하셨사온즉
6 그에게서 눈을 돌이켜
그로 쉬게 하사 품군 같이
그 날을 마치게 하옵소서
7 나무는 소망이 있나니
찍힐찌라도 다시 움이 나서
연한 가지가 끊이지 아니하며
8 그 뿌리가 땅에서 늙고
줄기가 흙에서 죽을찌라도
9 물 기운에 움이 돋고 가지가
발하여 새로 심은 것과
같거니와
10 사람은 죽으면 소멸되나니
그 기운이 끊어진즉 그가
어디 있느뇨
11 물이 바다에서 줄어지고
하수가 잦아서 마름 같이
12 사람이 누우면 다시 일어
나지 못하고 하늘이 없어지기
까지 눈을 뜨지 못하며 잠을
깨지 못하느니라

13 주는 나를 음부에 감추시
며 주의 진노가 쉴 때까지
나를 숨기시고 나를 위하여
기한을 정하시고 나를
기억하옵소서
14 사람이 죽으면 어찌 다시
살리이까 나는 나의 싸우는
모든 날 동안을 참고 놓이기를
기다렸겠나이다
15 주께서는 나를 부르셨겠고
나는 대답하였겠나이다 주께
서는 주의 손으로 지으신 것을
아껴 보셨겠나이다

그는 지금 육체적인 죽음을 생각하고 있습니다. 그는 인간은 나무와는 달리 한번 죽으면 다시는 소생하지 못한다고 생각합니다. 그러나 죽는 것은 영혼이 떠나는 것을 의미합니다. 욥은 이 점에 있어서 불가지론자였습니다. "그가 어디에 있느냐."

(라) 삽입적인 희망에 찬 질문 14:13-15

죽음에 대한 이런 비관적인 생각 때문에 욥은 이상한 질문을 하게 되었던 것 같습니다. 욥은 자기를 죽은 영혼들이 사는 미지의 세계인 음부에 감추어두고 하나님의 진노가 끝날 때까지 그곳에서 보호해줄 것인지, 그리고 육체적으로 죽었음에도 불구하고 살 수 있는지에 대해 물었습니다. 그리고나서 그는 만일 그렇다면 이 모든 고통을 전부 견뎌내겠다고 선언했습니다. 그것은 빛의 섬광에 불과하지만, 광휘로 가득 차 있습니다. 몹시 좌절해있는 순간에, 즉 이 사람이 절망에 차서 하나님께 호소하기로 결정한 일 외에는 모든 은거지를 잃어버린 이때에 마치 환상처럼 또 다른 인생관이 불타올랐습니다. 이 불꽃은 금방 사라졌지만, 이 불꽃이 타올랐다는 사실 자체가 기적이요 영광이었습니다. 그가 이것을 알았다면, 그는 그가 자랑하던 하나님에 대한 진리보다 자신과 하나님에 관한 더 심오한 진리를 확실하게 입증할 수 있었을 것입니다.

16 그러하온데 이제 주께서
나의 걸음을 세시오니 나의
죄를 살피지 아니하시나이까
17 내 허물을 주머니에
봉하시고 내 죄악을
싸매시나이다
18 무너지는 산은 정녕
흩어지고 바위는 그 자리에서

(마) 대조적인 현재 상태 14:16-22

그것은 빛의 섬광에 불과했으며 다시금 그는 암담한 현

실을 생각하게 되었습니다. 그래도 그는 여전히 하나님께서 자기의 걸음을 세시며 친구들이 그의 고난의 근거로 제시한 죄를 하나님께서 묻지 않으신다고 생각하고 있습니다. 모든 토대들이 파괴되고 아울러 소망도 사라진 것처럼 보였습니다. 그의 대답은 절망적인 울부짖음, 즉 전혀 희망이 없다는 투의 말로 끝납니다

욥과 그의 친구들 사이의 첫 번째 논쟁은 이렇게 끝납니다. 그 과정에서 이 사람들은 하나님은 의로우시며 하나님은 악한 자를 벌하고 선한 자를 축복하신다는 한 가지 일반적인 철학을 강조점만 다르게 말하였습니다. 그들은 이 철학을 욥에게 개인적으로 적용하였으며 그들의 철학이 제안하는 적용으로부터 피할 방도를 그들에게 남겨두지 않았습니다. 그들은 그가 고난을 당하는 것은 그의 죄 때문이며 그가 그것을 받아들이고, 버리지 않았기 때문에 계속 극심한 고난을 당하는 것이라고 믿고 있었습니다.

욥은 이 철학을 이런 식으로 적용하는 것에 대해 잘못이라고 대답했습니다. 그는 자신이 악하지 않고 옳았는데도 고난을 당한 것이라고 한결같이 주장했습니다. 그는 이 문제의 해결 방안을 제시하지 못했습니다. 사실 그를 가장 고통스럽게 만든 것이 바로 이 문제였습니다. 그리고 그는 그들의 해석을 거부하는 동안에도 줄곧 괴로워했습니다. 왜냐하면, 그들의 주장을 반박할 만한 이론이 그에게 없었기 때문입니다. 그래서 마침내 절망에 사로잡힌 그는 친구들이 아니라 하나님께 이러한 상황을 해석해달라고 호소했던 것입니다.

옮겨가고
19 물은 돌을 닳게 하고
넘치는 물은 땅의 티끌을 씻어
버리나이다 이와 같이 주께서
는 사람의 소망을
끊으시나이다
20 주께서 사람을 영영히
이기셔서 떠나게 하시며 그의
얼굴 빛을 변하게 하시고 쫓아
보내시오니
21 그 아들이 존귀하나 그가
알지 못하며 비천하나 그가
깨닫지 못하나이다
22 오직 자기의 살이 아프고
자기의 마음이 슬플 뿐이
니이다

본문 분해

(2) 두 번째 단락 15:1-21:34

가) 엘리바스 15:1-35

- ① 욥에 대한 엄한 질책 1-16절
  - (가) 그의 태도에 대한 비난 1-6절
    - 변론으로서의 말 1-3절
    - 헌신 부족 4-6절
  - (나) 지혜가 있다는 그의 주장에 대한 비난 7-11절
    - 풍자에 대해 풍자로 대답함 7-10절
    - 하나님의 위로 11절
  - (다) 하나님에 대한 그의 태도를 비난함 12-16절
    - 인간이 하나님을 어찌 대적할 수 있는가 12-14절
    - 하나님의 거룩하심 15, 16절
- ② 진리에 대한 새로운 진술 17-35절
  - (가) 자신의 견해가 예로부터 내려온 것임을 주장함 17-19절
  - (나) 악인은 고통 중에 있음 20-35절
    - 악인의 고난과 공포 20-24절
    - 이유 25-28절
    - 처벌 29-35절
      - 예를 들어 설명함 29-33절
      - 일반적인 진술 34, 35절

본문
연구

(2) 두 번째 단락 15:1-21:34

이 단락에서도 세 친구들이 욥에게 이야기를 하고 욥은 그들에게 대답을 하고 있습니다. 그들은 이번에도 앞에서 말한 일반적인 철학을 해설하고 그것을 욥에게 적용시키려 하고 있습니다. 그러나 이번에는 강조점이 좁혀지고 그 의도도 더 분명해졌습니다. 이 세 친구들은 각기 다른 방식으로, 악인만이 고난받는다고 주장했습니다.

가) 엘리바스 15:1-35

엘리바스의 말은 두 부분으로 이루어져 있는데, 첫 번째 부분(1-16절)에서는 욥을 엄하게 꾸짖고, 두 번째 부분(17-35절)에서는 진리를 새롭게 진술합니다.

① 욥에 대한 엄한 질책 15:1-16

욥의 대답을 듣고 엘리바스가 상처를 받은 것 같습니다. 엘리바스는 욥의 조롱을 반박하고 하나님을 자신들보다 더 잘 안다는 그의 주제넘은 주장에 대해 화를 냈습니다. 그는 욥의 태도와, 지혜가 있다는 그의 주장을 비난했으며 하나님에 대한 그의 태도를 비난했습니다.

제15장

1 데만 사람 엘리바스가
대답하여 가로되
2 지혜로운 자가 어찌 헛된
지식으로 대답하겠느냐 어찌
동풍으로 그 품에 채우겠느냐
3 어찌 유조치 아니한 이야기,
무익한 말로 변론하겠느냐
4 참으로 네가 하나님
경외하는 일을 폐하여 하나님
앞에 묵도하기를 그치게
하는구나
5 네 죄악이 네 입을
가르치나니 네가 간사한 자의
혀를 택하였구나
6 너를 정죄한 것은 내가 아니
요 네 입이라 네 입술이 너를
쳐서 증거하느니라

(가) 그의 태도에 대한 비난 1-6절

엘리바스는 욥이 단순한 말을 변론으로 사용한다고 비난하고 그가 친구들의 주장에 대해 만족할 만한 대답을 하지 못했다고 주장했습니다. 사실 그는 수사적인 표현으로 그 이유를 제시하고자 하는 것이 쓸데없는 짓이라고 단언하고 있었던 것입니다.

그러나 "하나님을 경외하지 않는 사람은 뻔뻔스럽게 군다."라는 그의 논증에는 중대한 결함이 없었습니다. 이러한 맥락에서, 그는 첫 번째 논증에서 보다 더 노골적으로 욥의 죄를 비난하고, 그가 이런 수사적인 표현을 사용하고 불경한 태도를 보이는 것은 그의 죄 때문이라고 선언했습니다.

7 네가 제일 처음 난 사람이냐
산들이 있기 전에 네가
출생하였느냐
8 하나님의 모의를 네가
들었느냐 지혜를 홀로
가졌느냐
9 너의 아는 것이 무엇이기로
우리가 알지 못하겠느냐
너의 깨달은 것이 무엇이기로
우리에게는 없겠느냐
10 우리 중에는 머리가
세기도 하고 연로하기도 하여
네 부친보다 나이 많은 자가
있느니라
11 하나님의 위로와 네게
온유하게 하시는 말씀을 네가
어찌 작다 하느냐

(나) 지혜가 있다는 그의 주장에 대한 비난 7-11절

지혜가 있다는 욥의 주장을 비난할 때 엘리바스는 욥의 방식을 받아들여, 그의 풍자에 대해 풍자로 맞섰습니다. 이러한 사실은 욥이 소발에게 한 대답의 처음에 나오는 말을 엘리바스가 방금 한 말과 비교해보면 분명히 알 수 있을 것입니다. 소발에게 첫 번째 범주 전체 논증에 대한 대답으로 욥은 이렇게 말했습니다.

"너희만 참으로 사람이로구나
너희가 죽으면 지혜도 죽겠구나"

지금 엘리바스는 이렇게 말하고 있습니다.

"네가 제일 처음 난 사람이냐
산들이 있기 전에 네가 출생하였느냐."

자기만이 지혜를 갖고 있는 것처럼 주장하는 욥의 말에 자극을 받은 엘리바스는 욥에게 지혜의 근원을 알고 있는지, 그리고 자기 자신에 관한 비밀을 알고 있는지에 대해 풍자적으로 물었습니다. 풍자의 이유가 여기에 있었다는 사실은 이 단락 끝부분에 나오는 개인적인 말투에서 분명해집니다.

계속해서 그는 자기와 자기 친구들이 욥에게 하나님의 위로를 전해주었는데도 불구하고, 욥은 자신들을 너무나 가볍게 취급했다고 주장하고 있습니다.

(다) 하나님에 대한 그의 태도를 비난함 12-16절

마지막으로 엘리바스는 앞에서도 이미 언급한 하나님에 대한 욥의 태도를 더 자세히 다루면서 가장 극심한 비난을 가하고 있습니다. 그는 더러운 본성을 지닌 인간이 어찌 감히 하나님을 대적할 수 있느냐고 물었습니다. 인간의 더러운 본성에 대해 "사람이 무엇이관대 깨끗하겠느냐 여인에게서 난 자가 무엇이관대 의롭겠느냐."고 한 이 선언은 욥이 하나님께 호소하면서 "누가 깨끗한 것을 더러운 것 가운데서 낼 수 있으리이까 하나도 없나이다."라고 한 말을 암시하는 것 같습니다. 욥은 이러한 사실을 시인하면서도 자신의 태도가 하나님께 적대적임을 입증하는 말을 했습니다. 엘리바스는 하나님이 거룩하시다고 선언함으로써

12 어찌하여 네가 마음에
끌리며 네 눈을 번쩍여
13 네 영으로 하나님을 반대
하고 네 입으로 말들을 내느냐
14 사람이 무엇이관대
깨끗하겠느냐 여인에게서
난 자가 무엇이관대
의롭겠느냐
15 하나님은 그 거룩한 자들
을 믿지 아니 하시나니 하늘이
라도 그의 보시기에
부정하거든
16 하물며 악을 짓기를 물
마심 같이 하는 가증하고
부패한 사람이겠느냐

인간의 더러움을 강조하였습니다. 그는 하나님께서 가장 거룩하신 분임을 역설하였습니다.

하나님이 "그 거룩한 자들을 믿지 아니하실"만큼 거룩하시며, 하늘이라도 그의 보시기에 부정할 만큼 순결하시다고 생각하던 그는 갑자기 가증스럽고 타락한 인간에 대해 묘사하기 시작합니다. 이러한 묘사가 말로 표현되었으므로 일반적인 것으로 간주되었다고 할 수 있지만, 욥이 이것을 자신에게 적용시키도록 해야 한다는 의도에서 엘리바스가 이 묘사를 한 것임은 의심할 여지가 없습니다.

② 진리에 대한 새로운 진술 15:17-35

이와 같이 욥의 태도에 대해 말을 하고 난 후, 엘리바스는 자신이 이해한 진리를 재천명했습니다. 그렇게 함으로써 그는 욥이 당하는 고난의 의미에 관한 자신의 견해를 드러내었습니다. 그는 먼저 자기의 견해가 예로부터 전해 내려온 것이라고 주장한 다음, 고난을 당하는 사람은 악인이라는 자신의 믿음을 정교하게 진술하였습니다.

17 내가 네게 보이리니 나를 들으라 내가 본 것을 설명하리라
18 이는 곧 지혜로운 자들이 그 열조에게서 받아 숨기지 아니하고 전하여 온 것이라
19 이 땅은 그들에게만 주셨으므로 외인은 그들 중에 왕래하지 못하였었느니라

(가) 자신의 견해가 예로부터 내려온 것임을 주장함 17-19절

엘리바스는 지금 욥에게 자기 말을 들으라고 요청하고 있습니다. 이 때 그는 자신이 본 것을 그에게 말해주고 있었던 것입니다. 이 삽입절에서 그는 자신이 말하려고 하는 것이 조상들의 증언과 완전히 일치한다고 주장하고 있습니다. 그런데 욥은 이 조상들의 증언에 대해서조차도 "재

같은 속담"이라고 경멸했습니다.

(나) 악인은 고통 중에 있음 20-35절

먼저 이것은 사실로 진술되었고 악인의 고난과 공포가 묘사되었습니다. 악인은 압제자에게 희생되고 속으로 이 일을 두려워하며, 영원히 죽음에 대한 두려움 가운데에서 절망과 고통의 길을 갑니다.

그 다음 악인이 이런 일을 겪게된 이유는, 그가 물불을 가리지 않고 계속해서 하나님의 뜻을 거역했기 때문인 것으로 묘사되어 있습니다. 이 말들이 욥의 경험을 정확하게 묘사하지 못했다는 사실로 도외시한다면, 이 말들은 하나님의 뜻을 거역하는 자들의 말로, 형언할 수 없는 어리석음에 대한 훌륭한 묘사가 될 것입니다.

"그는 목을 굳게 하고 두터운 방패로
하나님을 치려고 달려가나니"

이 말은 하나님과 싸우려고 하는 것이 미친 짓임을 생생하게 보여줍니다!

끝으로 엘리바스는 그런 식의 악을 저지른 사람은 벌을 받게 된다고 선언하였습니다. 먼저 그는 일련의 예화들을 들어 이러한 사실을 묘사하였습니다. 여기에서 사용된 예화들은 모두 죄가 어리석은 것임을 보여주는 것들입니다. 악인은 결코 자신이 원하는 목적지에 도달할 수 없습니다. 모든 것은 결국 죽기 때문에 완전에 이르는 것은 없습

20 그 말에 이르기를 악인은
그 일평생에 고통을 당하며
강포자의 햇수는 작정
되었으므로
21 그 귀에는 놀라운 소리가
들리고 그 형통할 때에
멸망시키는 자가 그에게
임하리니
22 그가 어두운데서 나오기를
바라지 못하고 칼날의
기다림이 되느니라
23 그는 유리하며 식물을
구하여 이르기를 어디 있느냐
하며 흑암한 날이 가까운 줄을
스스로 아느니라
24 환난과 고통이 그를
두렵게 하며 싸움을 준비한
왕처럼 그를 쳐서 이기리니
25 이는 그 손을 들어
하나님을 대적하며 교만하여
전능자를 배반함이니라
26 그는 목을 굳게 하고
두터운 방패로 하나님을
치려고 달려가나니
27 그 얼굴에는 살이 찌고
허리에는 기름이 엉기었고
28 그는 황무한 성읍, 사람이
살지 아니하는 집, 돌무더기가
될 곳에 거하였음이니라
29 그는 부요하지 못하고
재산이 항상 있지 못하며
그 산업이 땅에서 증식하지
못할 것이며
30 흑암한 데를 떠나지
못하리니 불꽃이 그 가지를
말릴 것이라 하나님의 입김에
그가 떠나리라
31 그는 스스로 속아 허망한
것을 믿지 말 것은 허망한

것이 그의 보응이 될 것임이라
32 그의 날이 이르기 전에
그 일이 이룰 것인즉 그 가지
가 푸르지 못하리니
33 포도열매가 익기 전에
떨어짐 같고 감람 꽃이
곧 떨어짐 같으리라
34 사곡한 무리는 결실이
없고 뇌물을 받는 자의 장막은
불탈 것이라
35 그들은 악한 생각을 배고
불의를 낳으며 마음에 궤휼을
예비한다 하였느니라

니다.

예화를 들어 설명하던 엘리바스는 똑같은 진리가 담긴 일반적인 진술로 말을 마칩니다. 엘리바스의 말이 신랄하다는 것은 엘리바스가 말한 악인의 처벌이 욥이 처한 상황에 대한 정확한 묘사가 된다는 사실을 우리가 깨달을 때에만 느낄 수 있습니다.

엘리바스의 첫 번째 말과 이 말 사이에는 어조상의 큰 차이가 있습니다. 엘리바스의 첫 번째 말은 정중하고 부드러웠으나 이번의 말은 퉁명스럽고 잔인하기까지 합니다. 그는 순전히 부정적인 면에서 자신의 인생철학을 진술하였기 때문에 욥은 그의 말의 의미를 충분히 이해할 수 있었습니다.

하나님의 사랑은

단순히 감상적인 느낌이 아니라 구원하는 힘이다

– 찰스 C. 모리스 –

본문분해

나) 욥의 대답 16:1-17:16

① 친구들에 대한 조롱 16:1-5

(가) 항의 1-3절

(나) "나도 할 수 있었으나 …… 하지 않으리라" 4-5절

② 자신의 불행한 처지에 관한 그의 묘사 16:6-17

(가) 침묵도 말도 도움이 되지 않는다 6절

(나) "하나님께 드리는 호소와 하나님에 관한 말이 번갈아 나옴 7-16절

(다) 무죄함에 대한 주장 17절

③ 그의 호소 16:18-17:9

(가) 땅에 호소함 16:18

(나) 그의 소망 19-21절

(다) 하나님께 대한 호소 16:22-17:9

필요 16:22-17:2

요청 17:3

논증 4-8절

무죄함에 대한 확신 9절

④ 그의 좌절 17:10-16

(가) 거짓 약속 10-12절

(나) 사실 13-16절

본문 연구

나) 욥의 대답 16:1-17:16

욥은 이번에도 즉시 대답했지만, 앞의 대답들과는 달리 이 대답은 엘리바스의 주장과 그다지 상관이 없습니다. 어두움이 여전히 그를 둘러싸고 있었으며 어떤 점에서는 그의 영혼의 고통이 극심했지만, 우리는 그의 대답을 듣는 그 순간 그가 가는 길이 캄캄하기라도 하듯이, 빛을 찾아 헤매는 그의 모습을 보지 않을 수 없습니다. 욥의 대답에는 친구들에 대한 경멸과 자신의 비참한 처지에 대한 묘사, 그의 호소, 그리고 절망적인 선언이 들어 있습니다.

① 친구들에 대한 조롱 16:1-5

그는 먼저 친구들의 태도를 그냥 내버려두지 않았습니다. 엘리바스는 욥에게 하나님께서 위로해 주시리라고 말했지만 그는 그들이 말한 그 위로가 헛된 것이라고 선언했습니다. 그들의 철학은 새로운 것이 아니었습니다. 그는 그런 말을 많이 들어왔습니다. 그들의 당혹스러워하는 태도도 그를 괴롭히는 주요한 원인이 되었습니다. 엘리바스가 왜 그런 말을 한 것일까요? 욥은 그들에게, 그들이 자신의 처지에 있었더라면 자기도 그들에게 그런 말을 할 수도 있겠지만 자신은 그렇게 하지 않을 것이라고 말합니다. 오히려 그는 그들의 원기를 북돋워주고 그들의 슬픔을 진정

제16장

1 욥이 대답하여 가로되
2 이런 말은 내가 많이
들었나니 너희는 다 번뇌케
하는 안위자로구나
3 허망한 말이 어찌 끝이
있으랴 네가 무엇에 격동되어
이같이 대답하는고
4 나도 너희처럼 말할 수
있나니 가령 너희 마음이
내 마음 자리에 있다 하자
나도 말을 지어 너희를 치며
너희를 향하여 머리를 흔들 수
있느니라
5 그래도 입으로 너희를
강하게 하며 입술의 위로로
너희의 근심을 풀었으리라

시켜 주려고 할 것입니다. 이 비난은 유복한 처지에 있으면서 불행을 당한 사람들의 처지를 아랑곳하지 않는 자들에 대한 조롱인 것입니다.

② 자신의 불행한 처지에 관한 그의 묘사 16:6-17

조롱을 퍼붓고 난 후, 그는 자신의 비참한 처지에 대해 새롭게 선언하였습니다. 그는 자신의 슬픔이 말이나 침묵으로 진정되거나 완화될 수 없을 만큼 크다고 선언한 다음, 그 슬픔도 하나님의 계획 속에 들어 있음을 확신한다고 말했습니다. 그는 하나님께서 자기를 다루시는 이 방법을 잔인한 것으로 묘사하고, 이것을 묘사하기 위해 하나님께 호소하기도 하고 하나님에 대해서 말하기도 합니다.

그는 먼저 하나님께 자기를 곤경에 빠뜨린 분이 하나님 자신이라고 선언하고 그 다음, 사람들이 호기심과 적대감으로 그 고난을 가중시켰다고 말합니다. 그리고나서 그는 하나님께 직접적으로 호소하는 대신 그가 하나님께 말씀드렸던 것, 즉 그가 당한 모든 고난은 하나님의 통치와 활동의 결과였다는 말이 사실이라고 단언합니다. 그는 자신의 무죄를 다시 한번 단언하면서 고난에 관한 묘사를 끝냅니다.

이러한 묘사를 하는 중에 그는 우리의 눈길을 끄는 선언을 하고 있습니다.

"대적이 되어 뾰족한 눈으로 나를 보시고."

6 내가 말하여도 내 근심이
풀리지 아니하나니 잠잠한들
어찌 평안하랴
7 이제 주께서 나를 곤고케
하시고 나의 무리를 패괴케
하셨나이다
8 주께서 나를 시들게
하셨으니 이는 나를 향하여
증거를 삼으심이라 나의
파리한 모양이 일어나서 대면
하여 나의 죄를 증거하나이다
9 그는 진노하사 나를 찢고
군박하시며 나를 향하여 이를
갈고 대적이 되어 뾰족한
눈으로 나를 보시고
10 무리들은 나를 향하여
입을 벌리며 나를 천대하여
뺨을 치며 함께 모여 나를
대적하는구나
11 하나님이 나를 경건치
않은 자에게 붙이시며 악인의
손에 던지셨구나
12 내가 평안하더니 그가
나를 꺾으시며 내 목을
잡아던져 나를 부숴뜨리시며
나를 세워 과녁을 삼으시고
13 그 살로 나를 사방으로
쏘아 인정 없이 내 허리를
뚫고 내 쓸개로 땅에
흘러나오게 하시는구나
14 그가 나를 꺾고 다시 꺾고
용사 같이 내게 달려드시니
15 내가 굵은 베를 꿰어매어
내 피부에 덮고 내 뿔을
티끌에 더럽혔구나

여기에서 대적이라는 말은 사단으로 번역된 단어와 동일하지는 않지만, 이 말은 분명히 원수를 가리킵니다. 욥이 이 말을 그렇게 이해했는지는 알 수 없으나 우리가 하늘에서 있었던 논쟁에 비추어, 마치 그가 원수들의 윤곽을 어느 정도 알고 있었던 것처럼 이 부분을 해석할 수 있을 것입니다.

이 진술에 바로 뒤이어 그는 "하나님이 나를 경건치 않은 자에게 붙이시며"라고 말했습니다. 그는 자기를 대적하는 세력과 자기를 대적하는 모든 것이 하나님의 통치권 하에 있다는 사실을 알고 있었음이 분명합니다. 그는 이 세력에 대해 그가 말한 것보다 훨씬 더 많이 알고 있었을지도 모릅니다.

③ 그의 호소 16:18-17:9

계속해서 욥은 절망에 사로잡혀 부르짖고 있습니다. 그는 먼저 그의 피로 덮이지 않도록 땅에 호소하고 있습니다. 이 외침은 무엇인가 불의한 일이 자기에게 일어나고 있다는 확신을 표현해 줍니다. 여기에서 우리는 그의 믿음이 의심을 물리쳤다는 것을 깨달아야 하겠습니다. 그는 이러한 당혹감을 느끼면서도 자기의 증인이 하늘에 있음을 안다고 선언하였습니다. 그의 이러한 태도는 하나님의 통치를 의심하는 자의 태도였지만, 그의 친구들이 그를 이해하지 못했기 때문에 그가 하나님께 호소했던 것입니다. 그의 유일한 소망은 하나님께 있었으며, 그는 성육신 사건에 비추어볼 때 매우 두드러진 말로 하나님께 하나님 자신 및

16 내 얼굴은 울음으로
붉었고 내 눈꺼풀에는 죽음의
그늘이 있구나
17 그러나 내 손에는 포학이
없고 나의 기도는 정결하니라

18 땅아 내 피를 가리우지
말라 나의 부르짖음으로 쉴 곳
이 없게 되기를 원하노라
19 지금 나의 증인이 하늘에
계시고 나의 보인이 높은데
계시니라
20 나의 친구는 나를
조롱하나 내 눈은 하나님을 향
하여 눈물을 흘리고
21 사람과 하나님 사이에와
인자와 그 이웃 사이에
변백하시기를 원하노니
22 수년이 지나면 나는 돌아
오지 못할 길로 갈 것임이니라

제17장

1 나의 기운이 쇠하였으며
나의 날이 다 하였고 무덤이
나를 위하여 예비되었구나
2 나를 조롱하는 자들이
오히려 나와 함께 있으므로
내 눈이 그들의 격동함을 항상
보는구나
3 청컨대 보증물을 주시고
친히 나의 보주가 되옵소서
주 외에 나로 더불어 손을
칠 자가 누구리이까
4 주께서 그들의 마음을
가리워 깨닫지 못하게
하셨사오니 그들을 높이지
아니하시리이다

5 친구를 지적하여 해를 받게
한 자의 자식들은 눈이
멀찌니라
6 하나님이 나로 백성의
이야기거리가 되게 하시니
그들이 내 얼굴에 침을
뱉는구나
7 내 눈은 근심으로 하여
어두워지고 나의 온 지체는
그림자 같구나
8 정직자는 이를 인하여
놀라고 무죄자는 사곡한 자를
인하여 분을 내나니
9 그러므로 의인은 그 길을
독실히 행하고 손이 깨끗한
자는 점점 힘을 얻느니라
10 너희는 다 다시 올찌니라
내가 너희 중에서 지혜자를
찾을 수 없느니라
11 나의 날이 지나갔고
내 경영, 내 마음의 사모하는
바가 다 끊어졌구나
12 그들은 밤으로 낮을 삼고
빛이 어두운데 가깝다
하는구나
13 내 소망이 음부로 내 집을
삼음에 있어서 침상을 흑암에
베풀고
14 무덤더러 너는 내 아비라,
구더기더러 너는 내 어미,
내 자매라 할찐대
15 나의 소망이 어디 있으며
나의 소망을 누가 보겠느냐
16 흙 속에서 쉴 때에는
소망이 음부 문으로 내려갈
뿐이니라

이웃과 바른 관계를 유지하게 해달라고 기도했습니다.

그는 어려움 가운데 처해 있었습니다. 친구들이 곁에서 그를 경멸하였으며 어느 누구도 그를 이해해주지 않았습니다. 그는 사람들의 웃음거리가 되었으며 그의 슬픔을 보고 놀란 사람들 중에 지혜로운 사람은 없었습니다.

④ 그의 좌절 17:10-16

말로 형언할 수 없는 암흑을 헤치면서 그는 하나님의 변호를 얻기 위해 싸웠습니다. 이생에서 하나님의 변호를 얻지 못한다 하더라도, 언젠가는 그것을 얻게 될 것입니다.

이런 놀라운 대답을 들으면서 우리는 욥이 이제 진리의 어떤 측면을 보기 시작했다는 확신을 떨쳐버릴 수가 없습니다. 그것이 아직은 희미하고 흐릿하여 곤경에 처한 사람에게 위로를 가져다 주지는 못하지만, 욥이 하나님에 대한 믿음을 가지고 악과 대항해서 싸웠으며 결국 그가 하나님에 대한 믿음을 버리지 않았음을 보여줍니다. 그는 자신이 하나님의 활동 덕분에 곤경에 처하게 된 것이라고 믿고 있었음이 분명합니다. 그는 또한 자기를 끈질기게 따라다니면서 야수와도 같이 자기를 갈갈이 찢어놓으려고 하는 적이 있다는 것도 알고 있었습니다. 이 적은 그가 이해할 수 없는 어떤 방식으로 하나님의 활동과 연관을 맺고 있었습니다. 그는 하나님을 자기의 원수로 여기는 것처럼 보이는 때도 있었고, 또 어느 순간에는 자기 자신과 하나님 사이에 적이 있는 것처럼 여기기도 했습니다. 그럴 때 그는 하나님이 자기를 그 적에게 넘겨주셨다고 생각 합니다. 그러나 마음 속 깊은 곳에서 그는 자신의 유일한 증인이요 변호자는 하나님밖에 없다고 믿었습니다. 그에게 있어서 가장 큰 고통은 하나님께서 자기를 변호하기 위해 나타나지 않으신다는 것이었습니다. 그는 하나님께 외쳤는데, 하나님은 응답해주지 않으셨습니다. 그는 소망을 갖고 있었지만, 그 소망은 분명한 것이 아니었습니다. 그의 최종적인 말은 절망적인 것이었습니다. 그는 죽음을 피할 수 없다고 생각했습니다. 그러나 그렇게 생각하면서도 죽음에 대한 원래의 생각은 그대로 간직하고 있었습니다. 그 생각이란 죽음이 안식이라는 것이었습니다.

엘리바스에게 한 이 말에는 분명한 빛이 드러나고 있지는 않지만, 영혼의 이러한 노력과 하나님의 변호를 바라는 이 열렬한 소망이 어둠 속에서 한 줄기 빛이었음을 욥이 깨닫게 될 날이 오리라는 것은 명백한 사실이 되었습니다.

본문분해

다) 빌닷 18:1-21

① 예비적인 비난 1-4절

(가) 친구들에게 가한 폭언에 대해 2, 3절

(나) 도덕 질서에 가한 폭력에 대해 4절

② 악인이 받는 형벌 5-20절

(가) 첫 번째 사항들 : 등불이 꺼진다. 5-7절

영적인 통찰력

안의 빛과 밖의 빛

그로 인한 실수

(나) 죽음으로의 발전 과정 8-14절

시련 8-10절

공포 11절

죽음 12-14절

(다) 마지막 사항들 : 땅에서 없어짐 15-20절

③ 적용 21절

본문 연구

다) 빌닷 18:1-21

빌닷은 이제 욥을 비난하면서 간결하고도 노골적인 어투로 악인이 받는 형벌에 대해 사실적으로 묘사하고 있습니다. 빌닷의 말은 예비적인 비난(1-4절)과 악인의 형벌에 관한 묘사(5-20절), 그리고 직접적인 적용(21절)으로 이루어져 있습니다.

① 예비적인 비난 18:1-4

엘리바스의 경우처럼, 빌닷도 퉁명스럽게 말했습니다. 그는 욥에게 좋지 못한 말을 듣고 마음이 몹시 상했습니다. 욥은 이전에 "허망한 말이 어찌 끝이 있으랴."는 질문으로 엘리바스의 말을 되받았습니다. 지금 빌닷은 "너희가 어느 때까지 말을 찾겠느냐 그 후에야 우리가 말하리라."고 말하고 있습니다. 그는 이런 식으로, 욥이 친구들의 입장을 전혀 고려하지 않고 무조건 항의한 것은 부당하다고 비난하고 있습니다. 그는 욥이 친구들을 짐승과 더러운 자로 취급한다고 말하고 있습니다.

욥이 도덕적 질서가 파괴될 정도로 말의 폭력을 가했기 때문에 그는 더욱 화가 났던 것입니다. 빌닷은 도덕적 질서가 확고부동하기 때문에 마음대로 바꿀 수 없다는 사실을 그에게 상기시켜 주었습니다.

제18장

1 수아 사람 빌닷이 대답하여
가로되
2 너희가 어느 때까지 말을
찾겠느냐 깨달으라 그 후에야
우리가 말하리라
3 어찌하여 우리를 짐승으로
여기며 부정하게 보느냐
4 너 분하여 스스로 찢는 자야
너를 위하여 땅이 버림을
당하겠느냐 바위가
그 자리에서 옮기겠느냐

5 악인의 빛은 꺼지고
그 불꽃은 빛나지 않을 것이요
6 그 장막 안의 빛은
어두워지고 그 위의 등불은
꺼질 것이요
7 그 강한 걸음이 곤하여지고
그 베푼 꾀에 스스로
빠질 것이니
8 이는 그 발이 스스로 그물에
들어가고 얽는 줄을 밟음이며
9 그 발뒤꿈치는 창애에
치이고 그 몸은 올무에
얽힐 것이며
10 그를 동일 줄이 땅에
숨겼고 그를 빠뜨릴 함정이
길에 베풀렸으며
11 무서운 것이 사방에서
그를 놀래고 그 뒤를 쫓아
올 것이며
12 그 힘은 기근을 인하여
쇠하고 그 곁에는 재앙이
기다릴 것이며
13 그의 백체가 먹히리니 곧
사망의 장자가 그 지체를
먹을 것이며
14 그가 그 의뢰하던 장막에
서 뽑혀서 무서움의 왕에게로
잡혀가고
15 그에게 속하지 않은 자가
그 장막에 거하리니 유황이
그 처소에 뿌려질 것이며
16 아래서는 그 뿌리가
마르고 위에서는 그 가지가
찍힐 것이며
17 그의 기념이 땅에서 없어
지고 그의 이름이 거리에서
전함이 없을 것이며
18 그는 광명 중에서
흑암으로 몰려 들어가며
세상에서 쫓겨날 것이며
19 그는 그 백성 가운데서
아들도 없고 손자도 없을 것이

② 악인이 받는 형벌 18:5-20

그리고나서 빌닷은 곧이어 악인이 받는 형벌에 대해 정교하게 묘사했습니다. 그 목적은 엘리바스가 주장한 일반 명제, 곧 벌 받는 사람은 악인이라는 진리를 강조하는 데 있었습니다. 그는 먼저 악인이 최초로 경험하는 일에 대해 언급했습니다. 그것은 짙은 어둠과 그것의 필연적인 결과를 암시하는 사실적인 묘사입니다. 그의 빛은 꺼지고 그의 불꽃은 타오르지 않습니다. 그리고나서 그는 다른 방식으로 이 진술을 되풀이 하였습니다.

"그 장막 안의 빛은 어두워지고
그 위의 등불은 꺼질 것이요."

다시 말하자면 악한 짓을 하면 안의 빛과 밖의 빛은 꺼진다는 것입니다. 안의 빛은 "악인의 빛" 이라는 문구로 묘사되고 "그 장막 안의 빛" 이라는 문구로 설명되었습니다. 밖의 빛은 "불꽃" 과 "그 위의 등불" 이라는 문구로 묘사되었습니다. 그 결과 그의 발걸음은 흔들리고 그 자신의 충고로 그 자신이 괴로움을 당하게 됩니다. 안과 밖의 빛을 제대로 받지 못하는 사람은 결국 실수를 저지르게 됩니다. 그의 발걸음은 강하지만 헛디디고, 그의 결정은 잘못되어 그는 쓰러지고 맙니다.

계속해서 빌닷은 어둠 속을 헤매는 사람은 사망의 길을 가게 된다고 묘사합니다. 그 길은 위험으로 가득 차 있습니다. 여기에서 이 위험들은 "그물", "얽는 줄", "창애", "올무", "줄", "함정" 등 여러 가지 표상으로 언급되었습니다. 빛을 받지 못한 사람이 어찌 길에 있는 장애물들을 피할 수 있겠습니까?

그런 사람은 영원한 두려움에 잠기게 될 것입니다. 그런 사람은 사방에 위험한 것들이 상존해 있으며 그것들이 자기 발뒤꿈치를 추격해온다는 것을 알고 있지만, 그것들을 피할 수가 없는 것입니다. 그리하여 결국 파멸하여 죽고 마는 것입니다.

그는 죽을 뿐만 아니라 땅에서 완전히 없어지게 됩니다. 그의 거주지는 파괴되고 그에 대한 기억은 사라지며 그는 세상에서 쫓겨나고 그의 기업을 이어받을 자식도 이 세상에 남겨두지 못하고 죽는 것입니다.

며 그의 거하던 곳에는
한 사람도 남은 자가
없을 것이라
20 그의 날을 인하여 뒤에
오는 자가 앞선 자의
두려워하던 것 같이 놀라리라

③ 적용 18:21

마지막으로 빌닷은 "불의한 자의 집이 이러하고 하나님을 알지 못하는 자의 처소도 그러하니라."고 주장했습니다. 그의 이 주장의 의미는 분명합니다. 그가 악인의 형벌과 관련해서 묘사한 것은 정확히 욥이 당한 고난을 암시하는 것입니다. 그리고 그는 불의하고 하나님을 모르는 자가 그런 일을 당한다고 말했습니다. 그렇다면, 이것은 욥에 대한 명백한 비난인 것입니다.

21 불의한 자의 집이
이러하고 하나님을 알지
못하는 자의 처소도
그러하니라

본문
분해

라) 욥의 대답 19:1-29

① 예비적인 비난 1-6절

(가) 내 마음을 번뇌케하고 …… 어느 때까지 하겠느냐? 1-4절

(나) 너희가 …… 하려면 하나님이 …… 하신 줄을
알아야 할찌니라 5, 6절

② 그의 비참한 처지 7-22절

(가) 하나님께 고난을 당함 7-12절

(나) 사람들에게 버림받음 13-20절

(다) 친구들에게 호소함 21-22절

③ 예지적 통찰 23-27절

(가) 미래에, 호소하고 싶어함 23, 24절

(나) 변호의 확실성 25-27절

멀리 있는 변호자 25절

개인적인 확신 26,27절

④ 마지막 경고 28-29절

(가) 친구들의 결단 28절

(나) 경고 29절

본문
연구

라) 욥의 대답 19:1-29

이 무서운 고발을 듣고 난 욥은 먼저 예비적인 비난(1-6절)을 가하고 자신의 비참한 처지(7-22절)를 또다시 묘사한 다음, 예지적인 통찰(23-27절)에 대해 언급하고 친구들에게 경고(28,29절)합니다.

① 예비적인 비난 19:1-6

빌닷의 노골적인 질책에 자극을 받은 욥은 자기를 언제까지 화나게 만들겠느냐고 친구들에게 따지고 들었습니다. 그리고 그들에게, 그들의 주장대로 자신이 잘못을 저질렀다면 그것은 자신의 문제이므로 제삼자가 나서서 이러쿵저러쿵 말하지 말라고 주장했습니다. 그래도 기필코 참견하고 싶다면 자기가 당하고 있는 모든 고난은 하나님에게서 온 것임을 기억하라고 그는 말했습니다.

② 그의 비참한 처지 19:7-22

그리고나서 그는 자신의 처지를 매우 무서운 말로 표현했습니다. 그는 빌닷이 악인의 상황으로 묘사한 그런 상황이 바로 자신에게 적용된다는 사실을 인정했습니다. 그는 사람들의 미움을 받고 그들에게 버림받았습니다. 그러나 그들이 보고 있는 그의 모든 고난은 하나님에게서 비롯된

제19장

1 욥이 대답하여 가로되
2 너희가 내 마음을 번뇌케
하며 말로 꺾기를 어느 때까지
하겠느냐
3 너희가 열 번이나 나를
꾸짖고 나를 학대하고도
부끄러워 아니하는구나
4 내가 과연 허물이 있었다
할찌라도 그 허물이 내게만
있는 것이니
5 너희가 참으로 나를 향하여
자긍하며 내게 수치될 행위가
있다고 증명하려면 하려니와
6 하나님이 나를 굴하게
하시고 자기 그물로 나를
에워싸신 줄은 알아야
할찌니라

7 내가 포학을 당한다고
부르짖으나 응답이 없고 간구
할찌라도 신원함이 없구나
8 그가 내 길을 막아 지나지
못하게 하시고 내 첩경에
흑암을 두셨으며

것이라는 선언과 일치되게, 그는 이런 사실을 다시 한번 언급함으로써 자기의 처지에 대한 묘사를 시작하였습니다. 그는 하나님으로 말미암아 고난을 당하는 것이며, 그가 도와달라고 외쳤지만 하나님은 응답하지 않으셨습니다. 하나님은 그를 매우 가혹하게 다루셨습니다. 그는 후에 이것을 열정적인 어투로 묘사했습니다. 그가 하나님에 의해 이런 식으로 고난을 당하게 되자 사람들은 그를 버렸습니다. 형제와 친척과 친한 친구들, 손님과 하녀 하인들, 그리고 그의 아내와 심지어는 어린 자녀들까지도 모두 그를 버렸습니다. 이 언급은 매우 비극적인 것입니다. 이것을 보면 이 사람이 얼마나 외롭고 쓸쓸했는지를 알 수 있습니다. 그는 하나님으로부터 심판을 받지 않았듯이, 사람들로부터는 동정을 받지 못했습니다.

또다시 그는 이 친구들에게 자기를 불쌍히 여겨달라고 간청했습니다. 왜 그들은 그의 신체적인 고통을 어루만져 주지 못했을까요? 그들은 왜 그의 마음을 괴롭히는 것일까요?

③ 예지적인 통찰 19:23-27

이 어둠 깊은 곳으로부터 또 다른 섬광이 비쳐나옵니다. 그 당시에 친구들로부터 오해를 받고 있음을 깨달은 욥은 그의 이야기가 후손들에게 전해지도록 글로 남겨질 것을 간절히 원했습니다. 이 외침 속에는 의가 결국 승리할 수 밖에 없다는 신념이 담겨있습니다.

그 다음에 이 깊은 신념은 욥 자신이 깨닫지 못한 심오

9 나의 영광을 벗기시며 나의
면류관을 머리에서 취하시고
10 사면으로 나를 헐으시니
나는 죽었구나 내 소망을 나무
뽑듯 뽑으시고
11 나를 향하여 진노하시고
원수 같이 보시는구나
12 그 군대가 일제히 나아와
서 길을 수축하고 나를 치며
내 장막을 둘러 진 쳤구나
13 나의 형제들로 나를 멀리
떠나게 하시니 나를 아는 모든
사람이 내게 외인이 되었구나
14 내 친척은 나를 버리며
가까운 친구는 나를 잊었구나
15 내 집에 우거한 자와
내 계집 종들은 나를 외인으로
여기니 내가 그들 앞에서
타국 사람이 되었구나
16 내가 내 종을 불러도
대답지 아니하니 내 입으로
그에게 청하여야 하겠구나
17 내 숨을 내 아내가
싫어하며 내 동포들도
혐의하는구나
18 어린 아이들이라도 나를
업신여기고 내가 일어나면
나를 조롱하는구나
19 나의 가까운 친구들이
나를 미워하며 나의 사랑하는
사람들이 돌이켜 나의 대적이
되었구나
20 내 피부와 살이 뼈에
붙었고 남은 것은 겨우 잇꺼풀
뿐이로구나
21 나의 친구야 너희는 나를
불쌍히 여기라 나를 불쌍히
여기라 하나님의 손이 나를
치셨구나
22 너희가 어찌하여
하나님처럼 나를 핍박하느냐
내 살을 먹고도 부족하냐

한 가치를 지닌 말로 표현되었습니다. 그의 독백은 매우 아름답습니다. 우리는 이것을 성육신의 은혜와 영광에 연결시킬 수 있습니다. 욥이 어떤 상황에서 이러한 독백을 했는지에 대해 생각하면서 그 말의 가장 간단한 의미를 찾으려고 한다면, 그 말이 지닌 의의는 결코 상실되지 않을 것입니다.

욥은 먼저 자신의 구속자가 살아계시다고 주장했습니다. 여기에서 "구속자"라는 말은 변호자라는 의미로 이해되어야 합니다. 히브리의 사회 질서에서 고엘은 가장 가까운 친척을 의미했습니다. 그의 궁극적인 임무는 고통당하는 친척을 위해 변호하는 것이었습니다. 여기에서 욥이 하나님을 가리켜 "구속자"라고 했음은 의심할 여지가 없습니다. 그는 하나님께서 인간과 하나님 자신의 옳은 관계를 유지하실 수 있다는 소망을 이미 밝힌 바 있습니다. 그는 지금 먼저, 하나님은 자신의 살아계신 고엘 혹은 변호자 혹은 구속자라는 믿음을 고지하고 있습니다.

그의 믿음은 그 다음, 더 높은 수준에까지 미칩니다.

"후일에 그가 땅 위에 서실 것이라."

"그가 서실 것이라."는 문구는 "증인의 자격으로 서실 것임을" 의미하며 "후일에"는 "마지막에"를 의미합니다. 그리고 "땅 위에"는 "먼지 위에"로 번역될 수 있을 것입니다. 그는 미래 어느 때인지 모르지만, 결국에는 살아계신 하나님께서 세상 한가운데로 오시어 자신이 욥의 변호자

23 나의 말이 곧 기록되었으
면, 책에 씌어졌으면,
24 철필과 연으로 영영히
돌에 새겨졌으면 좋겠노라
25 내가 알기에는 나의
구속자가 살아 계시니 후일에
그가 땅 위에 서실 것이라
26 나의 이 가죽, 이것이 썩은
후에 내가 육체 밖에서
하나님을 보리라
27 내가 친히 그를 보리니
내 눈으로 그를 보기를 외인처
럼 하지 않을 것이라 내 마음
이 초급하구나

임을 입증하시리라고 믿고 있습니다.

또다시 그는 한 단계 더 높은 수준으로 올라가서 자신의 몸이 멸망될지라도 육체로부터 하나님을 보게 되리라고 말했습니다.

여기에는 데이빗슨(Davidson) 박사가 주목하고 있듯이, 해석상의 어려움이 있습니다. 그것은 히브리 전치사 "~로 부터"가 영어의 "from"만큼이나 모호하다는 데서 야기된 것입니다. 이 경우에 문제는 그가 하나님을 육체 밖에서 보리라는 것인지, 아니면 육체와는 상관없이 보리라는 것인지를 결정하는 것입니다. 데이빗슨 박사는 "리어왕"이라는 책에서 한 대목을 인용하고 있습니다. 거기에서 레간은 이렇게 말합니다.

"우리 아버지는 영장을 갖고 계시며
우리 누이도 그렇다네,
나는 우리 가정으로부터 대답을 듣는 것이
가장 좋을 듯하다고 생각하네."

전후 문맥을 살펴볼 때 그는, 그녀가 집에서 글을 쓰고 있었던 것이 아니라 집에서 나와서 쓰고 있었음을 알 수 있다고 말합니다. 그리고 그는 욥이 '내 몸이 멸할지라도, 그것이 내가 하나님을 보는 일에 방해가 될 수는 없다'고 말한 것이라고 생각합니다. '나는 하나님을 보리라, 그러나 그 일은 육체와는 상관이 없으리라.' 이 문제를 놓고 왈가왈부하는 것은 현명치 못한 처사입니다. 그러나 셰익스

피어의 작품에서 인용한 이 대목에 나오는 "from"의 의미를 이런 식으로 해석하는 것이 옳음은 의심할 여지가 없지만, 문맥과는 상관없이 해석할 때 그 단어는 정반대의 의미로 볼 수도 있습니다. 필자는 이 경우에 이 단어를 정반대의 의미로 해석하는 것이 옳다고 생각합니다. 즉, 욥은 자기의 몸이 멸망될지라도 (그는 자신을 괴롭히는 이 지긋지긋한 질병 때문에 자신의 육체가 망해가고 있다고 생각했습니다), 자신의 육체 안에서 하나님을 보리라는 것입니다.

또다시 욥은 결코 이해하지 못했지만 성육신에 비추어 볼 때 매우 두드러진, 의미심장한 단어들이 나옵니다. 앞의 선언이 그가 비록 이 방법을 이해하지 못한다 할지라도, 살아계신 고엘이 자신을 변호하기 위해 이 땅의 상황 속으로 들어오시리라고 믿고 있음을 말한 것이었다면, 이번에는 그가 하나님의 얼굴을 뵈러 그리로 갈 것이라고 말하고 있는 것입니다.

이 독백에 나오는 문구들은 모두 법정 용어들이며, 그는 마침내 증인으로서 자기편에 서 계신 하나님을 보리라고 선언했습니다.

욥이 이 선언을 하는 방식을 간단히 생각해 보면, 이 선언은 빛을 발하고 있습니다. 왜냐하면, 그 선언은 모든 사람들이 욥을 비난하고 있을 때 그의 살아계신 친척이시요 구속자시며 변호자이신 하나님께서 최종적인 말씀을 해주시리라는 그의 믿음을 나타내주기 때문입니다. 이 마지막 말은 반대하는 원수의 말도, 비난하는 친구의 말도 아닙니다. 그것은 변호하시는 하나님의 말씀입니다.

우리는 여기에서 이 믿음이 어떻게 실현되었는지를 깨달을 수 있습니다. 시간이 흘러 그의 말은 기록되었으며, 마침내 구속자이신 하나님께서 먼지 위에 서서 그의 변호를 맡으셨습니다.

28 너희가 만일 이르기를 우리가 그를 어떻게 칠꼬 하며 또 이르기를 일의 뿌리가 그에게 있다 할찐대
29 너희는 칼을 두려워할찌니라 분노는 칼의 형벌을 부르나니 너희가 심판이 있는줄을 알게 되리라

④ 마지막 경고 19:28,29

욥은 자신의 시련을 다시 생각하면서 고통에 찬 외침을 터뜨리고 있습니다.

"내 마음이 초급하구나."

그러나 이 환상의 위력이 아직 그에게 남아있었고, 문제의 근원이 자기 자신 안에 있으므로, 심판의 칼을 두려워해야 한다고 그는 친구들에게 경고했습니다.

"

믿음은

인간이 할 수 있는 최고의 순종 행위다

– 존 번연 –

"

본문분해

마) 소발 20:1-29

① 예비적인 변명 1-3절

(가) 인정된 그의 대답 2절

(나) 선언된 이유 3절

② 일반적인 명제 4,5절

악인의 일시성

③ 논증 6-28절

(가) 악한 소득의 변덕스러움 6-18절

영원히 죽을 고귀한 것 6-10절

흙을 향하는 젊은이의 마음 11절

후회가 되는 달콤함 12-14절

삼킨 것이 토해져서 나옴 15절

얻어도 즐거움이 없음 16-18절

(나) 이유 19-22절

학대해서 얻음 19절

탐욕스럽게 취함 20,21절

그 결과 22절

(다) 마지막 보응 23-28절

하나님께서 심판의 도구로 그를 추격하심 23-25절

재난이 그의 재물을 태워버림 26a절

최후의 불 26b-28절

④ 적용 29절

본문 연구

마) 소발 20:1-29

소발은 서둘러서 욥의 말에 대답했습니다. 소발의 말에는 변명(1-3)과 일반적인 명제 (4,5), 논증(6-28), 그리고 적용(29)이 들어 있습니다.

① 예비적인 변명 20:1-3

처음에 "그러므로"라는 말이 나온다는 사실은 소발이 말하려고 하는 모든 것이 욥이 한 경고와 직접적인 관련이 있음을 보여줍니다. 그는 욥에게서 질책을 받았지만, 그의 질책을 수긍할 수가 없었습니다. 그래서 그는 서둘러 자기를 변명하면서, 자기의 생각 때문에 서둘러서 대답하지 않을 수 없다고 선언했습니다. 노골적이라는 점에서는 그의 대답이 빌닷의 대답과 같지만, 소발의 대답이 더 큰 의미를 지니며 더 무서운 어조를 띠고 있습니다.

제20장

1 나아마 사람 소발이
대답하여 가로되
2 그러므로 내 생각이 내게
대답하나니 이는 내 중심이
초급함이니라
3 내가 나를 부끄럽게 하는
책망을 들었으므로 나의
슬기로운 마음이 내게
대답하는구나

② 일반적인 명제 20:4,5

그는 자기의 생각을 먼저 "내 중심이"라는 말로 표현한 후, 욥에게 제기하는 질문의 형태로 진술했습니다. 그는 자기가 사실을 알고 있다고 시인한 후, 다음과 같이 선언했습니다.

4 네가 알지 못하느냐
예로부터 사람이 이 세상에
있어 옴으로
5 악인의 이기는 자랑도 잠시
요 사곡한 자의 즐거움도
잠간이니라

"악인의 이기는 자랑도 잠시요
사곡한 자의 즐거움도 잠간이니라."

6 그 높기가 하늘에 닿고
그 머리가 구름에 미칠찌라도
7 자기의 똥처럼 영원히 망할
것이라 그를 본 자가 이르기를
그가 어디 있느냐 하리라
8 그는 꿈 같이 지나가니 다시
찾을 수 없을 것이요 밤에
보이던 환상처럼 쫓겨가리니
9 그를 본 눈이 다시 그를
보지 못할 것이요 그의 처소도
다시 그를 보지 못할 것이며
10 그의 자녀들이 가난한
자에게 은혜를 구하겠고 그도
얻은 재물을 자기 손으로
도로 줄것이며
11 그 기골이 청년 같이 강장
하나 그 기세가 그와 함께
흙에 누우리라
12 그는 비록 악을 달게 여겨
혀 밑에 감추며
13 아껴서 버리지 아니하고
입에 물고 있을찌라도
14 그 식물이 창자 속에서
변하며 뱃속에서 독사의
쓸개가 되느니라
15 그가 재물을 삼켰을찌라도
다시 토할 것은 하나님이 그
배에서 도로 나오게 하심이니
16 그가 독사의 독을 빨며 뱀
의 혀에 죽을 것이라
17 그는 강 곧 꿀과 엉긴 젖이
흐르는 강을 보지 못할 것이요
18 수고하여 얻은 것을 도로
주고 삼키지 못할 것이며
매매하여 얻은 재물로 즐거워
하지 못하리니
19 이는 그가 가난한 자를

③ 논증 20:6-28

소발이 제시한 명제는 일반적인 원칙에 관한 것으로서, 그는 이것을 영원히 적용할 수 있다고 주장했습니다. 그러나 "그러므로"라는 말로 시작된 이 연설문을 읽다 보면, "자랑"과 "즐거움"이라는 말이 욥의 독백과 그가 친구들에게 한 마지막 경고에 표현되어 있는 기쁨을 가리킨다는 생각이 듭니다.

그가 논증을 전개해 나가는 과정에서 그러한 자랑과 즐거움을 묘사하기 위해 사용한 용어들을 자세히 검토해 보면 그것은 더욱 분명해집니다.

그러나 이 논증은 일반적인 원칙에 관한 것입니다. 그 과정에서 그는 하나님을 믿지 않는 가상의 인물을 설정해 놓고, 모든 예화와 격정으로 가득 찬 언어로 악한 소득이 변덕스럽다는 자기의 믿음을 보여주고 있습니다. 자랑이 있으나 그것은 잠간이고, 높은 것이 있으나 그것은 죽을 것이며 밤의 환상으로 쫓겨나서 다시는 발견되지 않을 것입니다. 그리고 꾸준히 올라가도 곧이어 사라지고 말 것입니다. 젊은이의 생각이 있어도 그것은 어쩔 수 없이 흙에 묻히고 말 것입니다. 달콤함이 있으나 그것은 회한의 쓰라림으로 끝날 것이며, 삼켰으나 그것이 다시 구토로 나올 것입니다. 얻는 것이 있어도 그것이 소유되지 못하여 즐거움을 누리지 못하게 됩니다.

그리고나서 소발은 이런 모든 실패의 원인을 선언합니다. 악인은 압제와 폭력으로 재물을 얻었기 때문입니다. 쉴 새 없이 탐욕의 자극을 받은 그가 모든 것을 삼켜버렸기 때문에 결국 그는 피억압의 보응을 받고 만 것입니다.

악에 대한 최종적인 보응은 하나님께서 온갖 심판의 도구를 이용하여 악인을 추격하신다는 것입니다. 쇠로 된 무기, 놋으로 된 활, 어둠, 그리고 하나님께서 밝히시는 불이, 결합하여 그를 파멸시킵니다. 어둠이 그를 둘러싸고 그의 죄가 하늘의 빛 가운데 밝히 드러나며 땅은 그를 거부합니다.

④ 적용 20:29

빌닷의 경우처럼, 소발의 연설도 분명한 적용의 말로 끝납니다.

"이는 악인이 하나님께 받을 분깃이요
하나님이 그에게 정하신 사업이니라."

이 철학 역시 악인은 결국 벌을 받게 된다는 것입니다. 이 진술은 보다 간결하고 노골적이며 정열적입니다. 소발은 처음부터 끝까지 욥을 염두에 두고서 말을 했음이 분명하지만, 마침내 욥을 직접적으로 거론하고 있습니다. 이와 같이 이 두 번째 범주의 명제는 사람마다 강조점은 달리하고 있지만, 악인은 결국 고난을 당한다는 사실을 말하고 있는 것입니다.

학대하고 버림이요 자기가
세우지 않은 집을
빼앗음이니라
20 그는 마음에 족한 줄을
알지 못하니 그 기뻐하는 것을
하나도 보존치 못하겠고
21 남긴 것이 없이 몰수히
먹으니 그런즉 그 형통함이
오래지 못할 것이라
22 풍족할 때에도 곤액이 이
르리니 모든 고통하는 자의
손이 그에게 닿으리라
23 그가 배를 불리려 할 때에
하나님이 맹렬한 진노를
내리시리니 밥 먹을 때에 그의
위에 비 같이 쏟으시리라
24 그가 철 병기를 피할 때에
는 놋활이 쏘아 꿸 것이요
25 몸에서 그 살을 빼어 낸즉
번쩍번쩍하는 촉이 그 쓸개에
서 나오고 큰 두려움이 그에게
임하느니라
26 모든 캄캄한 것이 그의
보물을 위하여 쌓이고 사람이
피우지 않은 불이 그를 멸하며
그 장막에 남은 것을 사르리라
27 하늘이 그의 죄악을
드러낼 것이요 땅이 일어나
그를 칠 것인즉
28 그 가산이 패하여 하나님
의 진노하시는 날에 흘러
가리니

29 이는 악인이 하나님께
받을 분깃이요 하나님이
그에게 정하신 산업이니라

본문분해

바) 욥의 대답 21:1-34

① 예비적인 호소 1-6절

(가) 자기의 말을 들어달라는 요청 2, 3절

(나) 자신의 성급함에 대한 변명 4절

(다) 그 문제에 대한 자기의 말에 주의를
기울여 달라는 요구 5, 6절

② 대답으로서의 논증 7-26절

(가) 악인이 성공한다 7-16절

사실들 7-13절

무신론에도 불구하고 14, 15절

욥의 설명 16절

(나) 그들의 철학이 잘못된 것임 17-21절

형벌은 불변적인 것이 아님 17, 18절

후손이 고려되어서는 안됨 19-21절

(다) 그들은 하나님보다 현명하지 못함 22-26절

질문 22절

설명없는 대조적인 상황들 23-26절

③ 적용 27-34절

(가) 그들의 개인적인 의미에 대한 그의 인정 27, 28절

(나) 그들의 지혜는 다른 사람들에게서 습득한 것임 29-31절

(다) 그들의 결론은 틀린 것임 32-33절

(라) 그들의 위로는 헛된 것임 34절

본문 연구

바) 욥의 대답 21:1-34

첫 번째 범주에서처럼 이곳에서도 욥은 소발의 연설에 대해서 뿐만 아니라, 세 친구가 전개시킨 논증, 즉 벌을 받는 자는 결국 악인이라는 논증에 대해서 대답하고 있습니다. 이 대답은 다음의 세 부분으로 구성되어 있습니다. 들어달라는 호소(1-6절)와 그들에 대한 대답(7-26절), 그리고 자기의 대답을 그들에게 적용시키는 일(27-34절)이 그것입니다.

① 예비적인 호소 21:1-6

욥은 자기의 말을 경청해달라는 말로 대답을 시작하고 있습니다. "이것이 너희의 위로가 될 것이니라."는 말은 풍자적인 것입니다. 그들은 그에게 하나님의 위로를 전한다고 말했지만, 그들의 격앙된 어조에서 드러나듯이 정작 위로받아야 할 사람은 그들 자신이었습니다. 욥은 그들에게 자기의 말을 참고 들어준다면 위로를 받게 될 것이라고 말했습니다. 그들이 그의 말을 듣게 되면, 그를 조롱할 것입니다. 욥은 자신이 당하는 고난에 주의를 환기시키고 난 다음, 자신이 조급하게 군 일에 대해 변명하고 자기의 처지를 기억해 달라고 요청했습니다.

제21장

1 욥이 대답하여 가로되
2 너희는 내 말을 자세히
들으라 이것이 너희의 위로가
될 것이니라
3 나를 용납하여 말하게 하라
내가 말한 후에
또 조롱할찌니라
4 나의 원망이 사람을 향하여
하는 것이냐 내가 어찌
초급하지 아니하겠느냐
5 너희는 나를 보아라,
놀라라, 손으로 입을 가리우라
6 내가 추억하기만 하여도
답답하고 두려움이 내 몸을
잡는구나

② 대답으로서의 논증 21:7-26

그리고나서 그는 그들의 논증을 강하게 반박하고 악인이 성공하는 경우도 있다고 설명하고 있습니다. 이 두 번째 범주에서 명심해야 할 그들의 명제는 악인은 벌을 받는다는 것이었습니다. 이에 대해 욥은 악인이 늘 벌을 받는 것은 아니라는 말로 대답했습니다. 그는 악인이 성공을 거두는 경우를 자세히 묘사했습니다. 그들의 성공은 개인적인 것입니다. 그들은 "살고 수를 누리고 세력이 강합"니다. 그것은 그들 눈앞에 굳게 선 자손들에게까지 계속됩니다. 그것은 그들의 재산에서 뚜렷이 드러납니다. 그들의 집은 안전하고 그들의 산업은 보상을 받습니다. 그들의 재산은 현저하게 증가합니다. 그들이 성공했다는 것은 그들의 습관과 자녀들의 즐거움과 춤, 그리고 일반적인 즐거운 상황에서도 엿볼 수 있습니다. 그것은 그들의 죽음에서도 분명해집니다. 왜냐하면, 그들이 오랫동안 고통을 겪다가 죽는 대신 "음부에 내려가는" 순간에 죽기 때문입니다.

계속해서 그는 그들이 하나님을 믿지 않는데도 불구하고 이런 일이 일어난다고 선언했습니다. 그들은 하나님을 삶 속에서 몰아내고 하나님의 길을 알고 싶어하지 않습니다. 그들은 기도의 유익을 부인했습니다.

더구나 그는 그들이 성공을 거두는 것은 그들 자신의 덕택이 아니라, 하나님께서 그것을 그들에게 부여해주셨기 때문이라고 선언했습니다. 그러므로 하나님께서는 친구들이 말한 것과는 달리 악인을 반드시 처벌하신 것만은 아니었던 것입니다.

7 어찌하여 악인이 살고 수를
누리고 세력이 강하냐
8 씨가 그들의 앞에서 그들과
함께 굳게 서고 자손이 그들의
목전에서 그러하구나
9 그 집이 평안하여 두려움이
없고 하나님의 매가 그 위에
임하지 아니하며
10 그 수소는 영락 없이
새끼를 배게 하고 그 암소는
새끼를 낳고 낙태하지
않는구나
11 그들은 아이들을
내어보냄이 양 떼 같고
그 자녀들은 춤 추는구나
12 그들이 소고와 수금으로
노래하고 피리 불어 즐기며
13 그 날을 형통하게 지내다
가 경각간에 음부에
내려가느니라
14 그러할찌라도 그들은
하나님께 말하기를 우리를
떠나소서 우리가 주의 도리
알기를 즐겨하지
아니하나이다
15 전능자가 누구기에 우리가
섬기며 우리가 그에게
기도한들 무슨 이익을 얻으랴
하는구나
16 그들의 복록이 그들의
손으로 말미암은 것이
아니니라 악인의 계획은 나와
판이하니라
17 악인의 등불이 꺼짐이나
재앙이 그들에게 임함이나
하나님이 진노하사 그들을
곤고케 하심이나
18 그들이 바람 앞에 검불
같이, 폭풍에 불려가는 겨
같이 되는 일이 몇번이나
있었느냐

욥의 대답의 첫 번째 부분은 자신이 악인의 충고를 받지 않았다, 즉 악인들의 성공의 비결을 배우지 않았다는 선언으로 끝납니다. 그의 가장 절박한 고통을 야기시킨 문제가 바로 여기에 있었던 것입니다. 악인은 반드시 벌을 받는다는 친구들의 주장이 옳았다면, 그들의 논증은 더 설득력이 있었을 것입니다. 그러나 그 주장이 진실이 아니었기 때문에 그는 그 주장을 시인하지 않았고 또 그래서 그 자신이 극심한 고통 가운데 처하게 되었던 것입니다.

계속 논증을 전개해나가던 그는 결국 그들의 철학이 완전히 잘못된 것이라고 결론을 지었습니다. 그는 악인의 등불이 꺼지는 일이나 그들에게 재앙이 임하는 경우나 하나님이 진노를 발하시는 경우나 그리고 그들이 바람 앞의 검불 같거나 폭풍에 불려가는 겨 같은 신세가 되는 경우가 얼마나 되느냐고 물었습니다.

그러한 심판이 범죄자 자신에게 임하지 않으면 그들의 자손들에게는 반드시 임할 것이라고 그들이 대답할 것을 예상한 욥은 죄를 범한 사람이 벌을 받아야 한다고 주장함으로써 그러한 제안을 일소해버리고, 질문의 형식을 빌어 하나님께서는 후손들을 벌하시기를 좋아하지 않으신다는 자신의 개인적인 확신을 피력했습니다.

그들은 하나님에 대한 지식을 가르쳐주려고 시도해 왔습니다. 그러나 그들이 정한 규칙은 모든 경우에 적용될 수 있는 것이 아니었습니다. 이러한 사실을 예로 들어 그는 위로를 받으면서 죽어가는 사람과 고통 가운데 죽어가는 사람을 대조시키고 있습니다. 그러나 그들의 죽는 방식

19 하나님이 그의 죄악을
쌓아 두셨다가 그 자손에게
갚으신다 하거니와 그 몸에
갚으셔서 그로 깨닫게 하셔야
할 것이라
20 자기의 멸망을 자기의
눈으로 보게 하시며 전능자의
진노를 마시게 하셔야 할 것이
니라
21 그의 달 수가 진하면 자기
집에 대하여 무슨 관계가
있겠느냐
22 그러나 하나님은 높은 자
들을 심판하시나니 누가 능히
하나님께 지식을
가르치겠느냐
23 어떤 사람은 죽도록
기운이 충실하여 평강하며
안일하고
24 그 그릇에는 젖이
가득하며 그 골수는
윤택하였고
25 어떤 사람은 죽도록
마음에 고통하고 복을 맛보지
못하였어도
26 이 둘이 일반으로 흙 속에
눕고 그 위에 구더기가
덮이는구나

에 대해서는 아무런 설명도 하지 않습니다. 이와 같이 그는 그들의 주장이 늘 옳은 것은 아니며, 그러므로 그것을 자신의 경우에 적용시킬 수 없음을 보여줌으로써 그들의 논증을 논박했습니다.

27 내가 너희의 생각을 알고 너희가 나를 해하려는 궤휼도 아노라
28 너희의 말이 왕후의 집이 어디 있으며 악인의 거하던 장막이 어디 있느뇨 하는구나
29 너희가 길 가는 사람들에게 묻지 아니하였느냐 그들의 증거를 알지 못하느냐
30 악인은 남기워서 멸망의 날을 기다리움이 되고 멸망의 날을 맞으러 끌려 나감이 된다 하느니라
31 누가 능히 그의 행위를 면박하며 누가 능히 그의 소위를 보응하랴마는
32 그를 무덤으로 메어 가고 사람이 그 무덤을 지키리라
33 그는 골짜기의 흙덩이를 달게 여기고 그 앞선 자가 무수함 같이 모든 사람이 그 뒤를 좇으리라
34 이러한즉 너희의 위로가 헛되지 아니하냐 너희의 대답은 거짓 뿐이니라

③ 적용 21:27-34

욥은 친구들에게 더 개인적으로 말을 걺으로써 대답을 끝내고 있습니다. 그는 친구들이 "너희의 말이 왕후의 집이 어디 있으며 악인의 거하던 장막이 어디 있느뇨"라고 말했을 때 그들이 무슨 의미로 이 말을 했는지 알고 있다고 선언했습니다.

비록 그들은 많은 말을 하지 않으려고 애썼지만, 그는 그들이 자기를 두고 그런 말을 한 것임을 알고 있었습니다.

그리고나서 그는 풍자적으로, 그들이 여행자들에게서 그러한 철학을 배운 것이라고 말했습니다. 그들의 말은 우연히 피상적으로 관찰한 사실을 되는대로 지껄인 것이었으며 그들의 지혜는 평범한 사람들과 대화를 나누는 중에 획득된 것이었습니다.

그들의 결론은 잘못된 것이었습니다. 악인이 반드시 재앙을 만나는 것은 아닙니다. 그는 무덤으로 운반되었으며 사람들이 지켜보는 가운데 평화스럽게 무덤에 묻히게 됩니다. 그러므로 그들의 위로는 헛된 것이었습니다. 왜냐하면, 그들이 말한 것들은 진실이 아니었기 때문입니다.

두 번째 범주는 이렇게 끝납니다. 여기에서 고난의 원인

이 죄에 있다고 여전히 믿고 있던 욥의 친구들은 고난을 겪는 사람은 악인이라고 선언했습니다. 이와 같이 범위를 좁혀서 진술함으로써 그들은 그가 피할 수 있는 여지를 차단하려고 했습니다.

사실상 욥은 앞의 경우보다 이 경우에 대답하기가 훨씬 쉬웠습니다. 그는 그들의 선언을 반박하면서 의인도 고난을 받을 수 있으며 악인이라고 해서 반드시 고난을 당하는 것이 아니라고 주장했습니다. 따라서 그들의 주장은 허점투성이였던 것입니다. 더 나아가서 그는 자기를 실망시키기 위해 한쪽 면만 진술한다고 그들을 엄히 꾸짖었습니다.

본문
분해

(3) 세 번째 단락 22:1-31:40

가) 엘리바스 22:1-30

① 비난 1-20절

(가) 하나님만이 죄에 대해 고통을 주심 1-5절

하나님은 인간의 행위에 의해
영향을 받지 않으심 2-3절

그러므로 그의 심판은 공평하심 4-5절

추론 : 욥은 죄를 지었다

(나) 벌 받을 만한 죄 6-11절

묘사된 죄 6-9절

추론 10, 11절

(다) 하나님에 대한 욥의 오해의 근거 12-20절

무관심으로 간주된 하나님의 높으심 12-14절

이러한 견해는 이전에 파멸로 끝남 15-18a절

의인은 그 파멸을 기뻐함 18b-20절

② 충고 21-30절

(가) 진술됨 21절

(나) 조건들 22-25절

(다) 결과 26-30절

하나님께~ 즐거움
친교
승리

인간에게~ 도와줄 수 있는 능력

본문
연구

(3) 세 번째 단락 22:1-31:40

욥과 친구들 사이의 논쟁 세 번째 단락에서는 엘리바스와 빌닷이 말을 하고 욥이 그들에게 대답을 합니다. 그리고 잠시 후에 욥은 이 논증 전체에 대해 최종적인 대답을 했습니다.

또다시 엘리바스와 빌닷은 고난이 개인적인 죄의 결과임이 틀림없다는 가정 위에서 연설을 진행시키고 있습니다. 그러나 그들이 욥이 죄인이므로 고난을 당하는 것이라고 단정적으로 말한 경우는 이번 밖에 없습니다.

가) 엘리바스 22:1-30

엘리바스의 연설은 두 부분으로 이루어져 있습니다. 첫 번째 부분 (1-20절)에서 그는 욥을 죄인으로 몰아붙였으며, 두 번째 부분(21-30절)에서는 욥에게 필요한 것처럼 보이는 충고를 하고 있습니다.

① 비난 22:1-20

엘리바스는 일련의 질문들을 제기함으로써 욥을 비난했습니다. 사실상 그는 우선 하나님께서는 인간의 행위에 전혀 영향을 받지 않는다고 선언했습니다. 하나님은 인간의

제22장

1 데만 사람 엘리바스가
대답하여 가로되
2 사람이 어찌 하나님께
유익하게 하겠느냐 지혜로운
자도 스스로 유익할
따름이니라
3 네가 의로운들 전능자에게
무슨 기쁨이 있겠으며
네 행위가 온전한들 그에게
무슨 이익이 있겠느냐
4 하나님이 너를 책망하시며
너를 심문하심이 너의
경외함을 인함이냐
5 네 악이 크지 아니하냐
네 죄악이 극하니라
6 까닭 없이 형제의 물건을
볼모 잡으며 헐벗은 자의
의복을 벗기며
7 갈한 자에게 물을 마시우지
아니하며 주린 자에게 식물을
주지 아니하였구나
8 권세 있는 자가 토지를 얻고
존귀한 자가 거기서 사는구나
9 네가 과부를 공수로
돌아가게 하며 고아의
팔을 꺾는구나
10 이러므로 올무들이 너를
둘러 있고 두려움이 홀연히
너를 침범하며
11 어두움이 너로 보지
못하게 하고 창수가 너를
덮느니라
12 하나님이 높은 하늘에
계시지 아니하냐 보라 별의
높음이 얼마나 높은가

13 그러나 네 말은 하나님이
무엇을 아시며 흑암 중에서
어찌 심판하실 수 있으랴
14 빽빽한 구름이 그를
가리운즉 그가 보지 못하시고
궁창으로 걸어 다니실 뿐이라
하는구나
15 네가 악인의 밟던 옛적
길을 지키려느냐
16 그들은 때가 이르기 전에
끊어버리웠고 그 터는 하수로
인하여 함몰되었느니라
17 그들이 하나님께 말하기를
우리를 떠나소서 하며 또
말하기를 전능자가 우리를
위하여 무엇을 하실 수 있으랴
하였으나
18 하나님이 좋은 것으로
그 집에 채우셨느니라 악인의
계획은 나와 판이하니라
19 의인은 보고 기뻐하고
무죄자는 그들을 비웃기를
20 우리의 대적이 끊어졌고
그 남은 것이 불사른바 되었다
하느니라

지혜로 말미암아 유익을 얻는 것도 아니고, 인간의 의로움으로 말미암아 어떤 소득을 얻는 것도 아닙니다. 따라서 하나님의 심판은 공평할 수밖에 없는 것입니다. 하나님께서 자신의 유익을 위해 인간을 벌하신다는 것은 상상할 수도 없는 일입니다. 그의 결론은 자명한 것입니다. 즉, 욥의 악한 정도는 매우 크며 그의 허물은 끝이 없다는 것입니다.

그리고나서 그는 자신의 철학에 따르자면, 욥이 고난을 겪는 것은 죄 때문이라고 선언했습니다. 그 죄는 부유하고 신분이 높은 사람이 저지르기 쉬운 매우 비열한 것입니다. 즉, 그는 가난한 자를 약탈하고 헐벗은 자의 옷을 벗기며 굶주리는 자를 외면하고 무력한 자를 억압했다는 것입니다. 그러므로 그 결과는 뻔한 것이었습니다. 욥이 당하는 모든 고난, 즉 그를 둘러싸고 있는 함정, 그를 괴롭히는 두려움, 그를 에워싸고 있는 어두움과 그를 덮고 있는 홍수는 모두 그가 저지른 죄의 결과인 것입니다.

끝으로 엘리바스는 욥이 한 말을 몇 마디 교묘하게 인용하여 그가 저지른 죄에 대해 설명하고 있습니다. 그의 죄는 하나님에 대한 잘못된 생각 때문에 빚어진 것이었습니다. 그는 하나님을 인간들 사이에서 일어난 사건들에 대해서 무관심한, 높은 곳에 계신 분으로 생각한다는 것입니다. 그는 이런 생각을 갖고 있었기 때문에 결국 멸망하고 말 죄악의 길을 가고 있었던 것입니다. 그리하여 그도 악인들처럼 벌을 받게 된 것입니다. 그러나 의인들은 이러한 형벌을 죄에 대한 정당한 보응으로 여기기 때문에 그것을 즐거워합니다. 이상의 사실들이 엘리바스의 주장입니다.

② 충고 22:21-30

욥에 대해 비난할 때 엘리바스는 중대한 실책을 범했습니다. 그는 근거도 없이 욥을 천하에 몹쓸 죄인으로 몰아붙였던 것입니다. 그의 생각이 옳았더라면, 그의 충고는 매우 훌륭한 것이었을 것입니다. 이러한 사실을 염두에 두고서 우리는 욥이 이러한 죄를 범하지 않았으므로 이 충고를 욥에게 적용시킬 수 없음을 인정해야 하겠습니다.

그러나 이것을 욥에게 적용시킬 수 없다 하더라도 깊이 생각해볼 필요는 있습니다. 그렇게 하면 이 충고에 담긴 훌륭한 점이 드러나게 됩니다. 사람들이 축복을 받고 다른 사람들에게 축복이 되기 위해서 가장 필요로하는 것은 하나님에 대한 지식입니다. 이 충고에는 그러한 지식을 얻는데 필요한 조건들이 명시되어 있으며 그 결과도 언급되어 있습니다.

그의 충고는 먼저 일반적이고 포괄적인 말로 제시되었습니다.

"너는 하나님과 화목하고 평안하라
그리하면 복이 네게 임하리라."

그리고나서 그는 이 충고를 따를 수 있는 방법에 대해 선언했습니다. 율법을 받아들여야 하고, 불의함을 버리고 의로움으로 돌아와야 하며, 인간적인 재물을 모두 무가치

21 너는 하나님과 화목하고 평안하라 그리하면 복이 네게 임하리라
22 청컨대 너는 그 입에서 교훈을 받고 그 말씀을 네 마음에 두라
23 네가 만일 전능자에게로 돌아가고 또 네 장막에서 불의를 멀리 버리면 다시 흥하리라
24 네 보배를 진토에 버리고 오빌의 금을 강 가의 돌에 버리라
25 그리하면 전능자가 네 보배가 되시며 네게 귀한 은이 되시리니
26 이에 네가 전능자를 기뻐하여 하나님께로 얼굴을 들 것이라
27 너는 그에게 기도하겠고 그는 들으실 것이며 너의 서원한 것을 네가 갚으리라
28 네가 무엇을 경영하면 이루어질 것이요 네 길에 빛이 비취리라
29 네가 낮춤을 받거든 높아지리라고 말하라 하나님은 겸손한 자를 구원하시느니라
30 무죄한 자가 아니라도 건지시리니 네 손이 깨끗함을 인하여 그런 자가 건지심을 입으리라

한 것으로 여기고 버려야 한다는 것입니다.

그리고 이 조건들이 충족되면 잃어버린 재물 대신 전능하신 하나님을 소유하게 될 것입니다. 그 안에서 기뻐하게 될 것이고, 그와 교제를 나눔으로써 모든 역경을 물리칠 수 있게 되며 다른 사람들을 구원으로 인도할 수 있는 능력을 지니게 될 것입니다.

“

유한한 고난은 받아들이되,

무한한 희망은 잃지 말아야 한다

– 마틴 루터 킹 –

”

본문 분해

- 나) 욥의 대답 23:1-24:25
  - ① 하나님께서 그를 떠나신 문제 23:1-17
    - (가) 재판관이신 하나님을 향한 탄식 1-9절
      - 불평에 대한 변명 2절
      - 재판석을 원함 3-7절
      - 무익한 탐구 8, 9절
    - (나) 믿음의 집착 10-12절
      - 믿음에 대한 주장 10절
      - 의식적인 성실 11, 12절
    - (다) 공포에 찬 전율 13-17절
      - 하나님의 지속성 13,14절
      - 그로 인한 두려움 15,16절
      - 어두움이 원인이 아님 17절
  - ② 하나님께서 개입하시지 않는 문제 24:1-25
    - (가) 불평 1절
    - (나) 논증 2-24절
      - 억압이 허용됨 2-13절
        - 억압의 사실들 2-12a절
        - 하나님께서 중재하시지 않는다는 사실 12b, 13절
      - 악이 처벌받지 않음 14-24절
        - 악인들에 관한 묘사 14-17절
        - 친구들의 철학에 따른 그들의 형벌 18-22절
        - 그들에 관한 사실들 23,24절
    - (다) 도전 25절

본문 연구

나) 욥의 대답 23:1-24:25

욥은 엘리바스에게 대답할 때 자신에 대한 그의 비난을 무시해 버렸습니다. 오히려 그는, 하나님을 인간들의 사건에 전혀 개입하지 않는 분으로 생각한다는 엘리바스의 주장을 문제삼았습니다. 그리고 그는 자신이 이 문제를 의식하고 있다고 대담하게 주장했습니다. 이 대답은 두 부분으로 이루어져 있습니다. 첫 번째 부분(23:1-17)에서 그는 하나님께서 자기를 떠나신 문제를 논의하고, 두 번째 부분(24:1-25)에서는 보다 넓은 세계적인 사건들에 하나님께서 개입하시지 않는 문제를 다룹니다.

① 하나님께서 그를 떠나신 문제 23:1-17

그는 하나님에 대한 자신의 불평이 심하다는 것을 시인하면서도 자신이 당한 고난이 자신의 불평보다 더 크다고 주장함으로써 그것을 변명했습니다.

엘리바스는 "너는 하나님과 화목하고 평안하라."고 말했습니다.

그 말에 대해 욥은 탄식조로 대답했습니다.

"내가 어찌하면 하나님 발견할 곳을 알꼬!"

하나님을 찾고 싶어하는 이 탄식은 하나님의 재판석에

제23장

1 욥이 대답하여 가로되
2 내가 오늘도 혹독히
원망하니 받는 재앙이
탄식보다 중함이니라
3 내가 어찌하면 하나님
발견할 곳을 알꼬 그리하면
그 보좌 앞에 나아가서
4 그 앞에서 호소하며
변백할 말을 입에 채우고
5 내게 대답하시는 말씀을
내가 알고 내게 이르시는 것을
내가 깨달으리라
6 그가 큰 권능을 가지시고
나로 더불어 다투실까 아니라
도리어 내 말을 들으시리라
7 거기서는 정직자가 그와
변론할 수 있은즉 내가 심판자
에게서 영영히 벗어나리라
8 그런데 내가 앞으로 가도
그가 아니 계시고 뒤로 가도
보이지 아니하며
9 그가 왼편에서 일하시나
내가 만날 수 없고 그가
오른편으로 돌이키시나
뵈올 수 없구나
10 나의 가는 길을 오직 그가
아시나니 그가 나를 단련하신
후에는 내가 정금 같이
나오리라
11 내 발이 그의 걸음을 바로
따랐으며 내가 그의 길을 지켜
치우치지 아니하였고
12 내가 그의 입술의 명령을
어기지 아니하고 일정한

음식보다 그 입의 말씀을 귀히 여겼구나
13 그는 뜻이 일정하시니 누가 능히 돌이킬까 그 마음에 하고자 하시는 것이면 그것을 행하시나니
14 그런즉 내게 작정하신 것을 이루실 것이라 이런 일이 그에게 많이 있느니라
15 그러므로 내가 그의 앞에서 떨며 이를 생각하고 그를 두려워하는구나
16 하나님이 나로 낙심케 하시며 전능자가 나로 두렵게 하시나니
17 이는 어두움으로 나를 끊지 아니하셨고 흑암으로 내 얼굴을 가리우지 아니하셨음이니라

나아가고 싶다는 소망의 표현이었습니다. 그는 이제 앞의 단락에서 취했던 자세로 되돌아왔습니다. 그는 만일 자신이 재판석을 발견할 수만 있다면, 하나님이 자기를 어떻게 다루시는지를 알 수 있을 것이라고 말했습니다. 권능이 크신 하나님께서는 욥과 다투기를 거부하시고, 오히려 그에게 주의를 기울이시어 그를 구원해 주실 것입니다.

그러나 그는 이리저리 돌아다녀도 하나님을 발견할 수 없다고 선언했습니다. 그는 하나님께서 임재해 계신다는 것을 알고 있었으나 하나님을 볼 수는 없었습니다.

그의 믿음이 집요하다는 것을 보여주는 그의 불평 한 가운데에서 갑자기 불길이 타올랐습니다. 하나님에 대한 그의 결론은 엘리바스가 은근히 암시한 것과 달랐습니다. 그는 하나님께서 자기의 행위를 알고 계신다고 확신했으며, 자기가 시련을 겪고 나면 정금이 되어 나올 것이라는 신념을 표현했습니다.

그는 자신이 하나님께 충실했다고 선언하면서 자신의 성실성을 근거로 하여 이러한 주장을 했습니다. 엘리바스는 그에게 율법을 받아들이고 하나님의 말씀을 마음에 새겨두라고 요구했습니다. 그는 자신이 하나님의 계명을 멀리하지 않았으며, 자신에게 필요한 것보다 더 많은 말씀을 간직해두고 있다고 대답했습니다.

그 다음, 믿음에 대한 단언은 두려움에 대한 시인으로 바뀌었습니다. 하나님께서 무슨 일을 하시든지 간에 하나님을 저지할 능력이 욥에게는 없었던 것입니다. 그래서 그는 두려웠던 것입니다. 하나님의 임재를 알고 있었기 때문

에 그는 고통스러웠던 것입니다. 그가 하나님을 두려워한 이유는, 하나님의 활동으로 인하여 자신이 고통을 당하는 것이며 하나님께서 자기를 구원해주실 것 같지 않다고 생각되었기 때문입니다.

② 하나님께서 개입하시지 않는 문제 24:1-25

욥은 문제를 개인적인 측면에서 돌이켜 더 광범위하게 적용하고자 합니다. 그는 하나님께서 개입하지 않으시고 자신을 알고 있는 사람들에게서 자신을 숨기시는 이유를 알고 싶어했습니다.

그리고나서 그는 하나님께서 이와 같이 무관심하신 증거를 묘사했습니다. 그는 억압이 여전히 허용되고 있다고 선언했습니다. 인간은 억압이 난무하는 가운데에서 살아가고 있습니다. 욥은 사실적인 언어로 가난한 자의 착취와 굶주린 사람에 대한 무관심, 그리고 무력한 자에 대한 억압을 묘사했습니다. 즉, 욥은 엘리바스가 자기에게 혐의를 둔 일들이 세상 어느 곳에나 존재하는 일이라고 선언하고, 그런 일들을 엘리바스보다 훨씬 더 자세하게 묘사한 다음, "그러나 하나님이 그 권능으로 강한 자들을 보존시키시니 살기를 바라지 못할 자도 일어나는구나."라는 선언으로 말을 끝내고 있습니다.

이것은 엘리바스의 철학에 대한 직접적인 대답이며 자신이 받은 비난에 대한 결론적인 대답이었습니다. 엘리바스는 앞에서 그가 고난을 당하는 것은 죄 때문이라고 주장했습니다. 욥은 이 세상에 이러한 죄들이 많이 있으나 하

제24장

1 어찌하여 전능자가 시기를
정하지 아니하셨는고
어찌하여 그를 아는 자들이
그의 날을 보지 못하는고
2 어떤 사람은 지계표를
옮기며 양떼를 빼앗아 기르며
3 고아의 나귀를 몰아 가며
과부의 소를 볼모 잡으며
4 빈궁한 자를 길에서 몰아
내나니 세상에 가난한 자가
다 스스로 숨는구나
5 그들은 거친 땅의 들 나귀
같아서 나가서 일하며 먹을
것을 부지런히 구하니 광야가
그 자식을 위하여 그에게
식물을 내는구나
6 밭에서 남의 곡식을 베며
악인의 남겨 둔 포도를 따며
7 의복이 없어 벗은 몸으로
밤을 지내며 추위에 덮을 것이
없으며
8 산중 소나기에 젖으며 가리
울 것이 없어 바위를 안고 있
느니라
9 어떤 사람은 고아를 어미
품에서 빼앗으며 가난한 자의
옷을 볼모 잡으므로
10 그들이 옷이 없어
벌거벗고 다니며 주리면서
곡식단을 메며
11 그 사람의 담 안에서 기름
을 짜며 목말라하면서 술 틀을
밟느니라
12 인구 많은 성중에서
사람들이 신음하며 상한 자가
부르짖으나 하나님이 그 불의
를 보지 아니하시느니라
13 또 광명을 배반하는
사람들은 이러하니 그들은
광명의 길을 알지 못하며 그

첩경에 머물지 아니하는 자라
14 사람을 죽이는 자는
새벽에 일어나서 가난한 자나
빈궁한 자를 죽이고 밤에는
도적 같이 되며
15 간음하는 자의 눈은
저물기를 바라며 아무 눈도
나를 보지못하리라 하고
얼굴을 변장하며
16 밤에 집을 뚫는 자는 낮에
는 문을 닫고 있은즉 광명을
알지못하나니
17 그들은 다 아침을 흑암
같이 여기니 흑암의 두려움을
앎이니라
18 그들은 물 위에 빨리 흘러
가고 그 산업은 세상에서
저주를 받나니 그들이 다시는
포도원 길로 행치 못할 것이라
19 가뭄과 더위가 눈 녹은
물을 곧 말리나니 음부가
범죄자에게도 그와 같은
것인즉
20 태가 그를 잊어버리고
구더기가 그를 달게 먹을 것이
라 그는 기억함을 다시 얻지
못하나니 불의가 나무처럼
꺾이리라
21 그는 잉태치 못하므로
해산치 못한 여인을 학대하며
과부를 선대치 아니하는
자니라
22 그러나 하나님이
그 권능으로 강한 자들을
보존시키시니 살기를 바라지
못할 자도 일어나는구나
23 하나님이 그들을 호위하사
평안케 하시나 그 눈은
그들의 길에 있구나
24 그들은 높아져도 잠시간에
없어지나니 낮아져서
범인처럼 제함을 당하고 곡식

나님은 개입하지 않으신다고 대답했습니다.

계속해서 그는 가장 악한 형태의 죄가 처벌당하지 않은 경우를 자세히 묘사했습니다. 살인자, 간음자, 그리고 강도들은 악한 짓을 계속하고서도 무사하다는 것입니다. 물론 결국에는 그들이 죽게 되지만, 이 세상을 사는 동안에는 안전하다는 것입니다.

이와 같이 욥은 하나님께서 인간들의 사건에 대해 무관심한 것으로 생각한다는 엘리바스의 말이 어느 정도 옳다고 시인했습니다. 그러나 그는 사람들을 착취하고 무시하고 억압한다는 엘리바스의 비난을 냉소로 되받아쳤습니다. 그는 그들에게 자기의 말이 진실하다는 것을 부인할 수 있고 하나님께서 부재하시며 악의 길에 개입하시지 않는다는 자신의 주장이 옳지 않다고 말할 수 있는지에 대해 묻는 것으로 말을 마쳤습니다.

이삭 같이 베임을 입느니라
25 가령 그렇지 않을찌라도
능히 내 말을 거짓되다
지적하거나 내 말이 헛되다
변박할 자 누구랴

본문 분해

다) 빌닷 25:1-6

① 하나님의 통치의 관점에서 본 인간 2-4절

(가) 하나님의 통치 2,3절

본질적임 2a절

활동적임 2b,3a절

보편적임 3b절

(나) 인간의 무력함 4절

② 하나님의 영광의 관점에서 본 인간 5,6절

(가) 자연의 영광들 5절

(나) 인간의 실추 6절

본문 연구

다) 빌닷 25:1-6

세 번째 범주의 이 부분에서는 욥이나 그의 친구들 편에서나 더이상 논증이 발전하지 않고 있습니다. 빌닷의 말의 특징은 간결하고, 그가 욥과 이 문제를 놓고 다투려하지 않는다는 점에 있습니다. 그의 말은 친구들의 논쟁을 현저하게 약화시키고 있습니다. 빌닷은 경험에 호소하고 있는 욥의 말에 대답할 수 없었지만, 그의 성실성을 믿지 않았습니다. 빌닷이 입을 연 목적은 하나님 앞에서 자신을 변호하고 싶어하는 욥의 바람이 불합리하다는 것을 밝혀주자는 데 있었습니다. 빌닷의 말은 두 부분으로 이루어져 있는데, 첫 번째 부분(2-4절)은 하나님의 통치의 측면에서 본 인간을 다루고, 두 번째 부분(5,6절)은 하나님의 영광의 측면에서 본 인간을 다루고 있습니다.

① 하나님의 통치의 관점에서 본 인간 25:2-4

빌닷은 하나님의 본질적인 통치를 "하나님은 권능과 위엄을 가지셨고"라는 말로 확증했습니다. 그리고나서 그는 그 통치가 활동적임을 선언하고 "그 광명의 비췸을 입지 않은 자가 누구냐"는 질문으로 그 보편성을 암시했습니다.

인간이 위대하신 하나님 앞에서 자기의 의로움을 어찌 입증할 수 있겠습니까? 이것이 욥의 질문 내용이었으나 욥

제25장

1 수아 사람 빌닷이 대답하여
가로되
2 하나님은 권능과 위엄을
가지셨고 지극히 높은 곳에서
화평을 베푸시느니라
3 그 군대를 어찌 계수할 수
있으랴 그 광명의 비췸을 입지
않은 자가 누구냐
4 그런즉 하나님 앞에서
사람이 어찌 의롭다 하며
부녀에게서 난 자가 어찌
깨끗하다 하랴

이 이런 질문을 한 까닭은 하나님과 다투는 것이 불가능하다는 것을 입증하기 위해서였습니다. 빌닷은 인간의 본질적인 죄 때문에 하나님과 겨룰 수 없다고 말했습니다. 그는 "부녀에게서 난 자가 어찌 깨끗하다 하랴"고 물음으로써, 이 죄에 대한 자기의 신념을 표현했습니다.

5 하나님의 눈에는 달이라도 명랑치 못하고 별도 깨끗지 못하거든
6 하물며 벌레인 사람, 구더기인 인생이랴

② 하나님의 영광의 관점에서 본 인간 25:5,6

"하나님의 영광 앞에서는 달도 빛을 잃고 별도 불결해 보이는데, 한낱 벌레에 불과한 인간이 어찌 그 영광 앞에서 의롭다거나 깨끗하다고 할 수 있는가?"

하나님에 대한 빌닷의 생각은 그 정도까지는 옳았습니다. 그러나 인간에 대한 그의 생각은 틀렸습니다. 그는 인간을 달이나 별보다 못한 존재로 여겼던 것입니다.

그의 말의 의미는 엘리바스의 말의 의미와 동일합니다. 빌닷은 욥이 무죄하다고는 전혀 생각하지 않았습니다. 그는 욥이 죄를 범했다고 굳게 믿고 있었던 것입니다.

"

믿음이란
하나님의 주도권에 반응하기 위한 당신의 결정이다
– 존 화이트 –

"

본문분해

라) 욥의 대답 26:1-14

① 빌닷에 대한 조롱 1-4절

(가) 빌닷이 도움을 줄 수 없다는 조롱 2,3절

(나) 두 번째 요구 4절

② 하나님의 위대하심에 대한 그의 지식 5-14절

(가) 현현 장소 5-13절

음부 5,6절

땅 7절

하늘 8-13절

(나) 감추인 위대함 14절

본문 연구

라) 욥의 대답 26:1-14

욥은 먼저 논증을 중단한 사람들에 대한 경멸을 선언하고, 그 다음 자신이 하나님의 위대하심을 잘 알고 있다고 주장했습니다. 이와 같이 그는 침묵을 지킴으로써 자신이 말한 모든 것을 철회하였습니다.

① 빌닷에 대한 조롱 26:1-4

욥은 친구들이 한 말이 자신에게 전혀 도움이 되지 않았다고 격렬하게 외쳤습니다. 그들이 생각하는 것처럼 욥에게 힘과 권능과 지혜가 없다 하더라도 빌닷의 말이 그에게 어느 정도나 도움이 되었겠습니까? 욥은 그에게 "네가 누구를 향하여 말을 내었느냐"고 물었습니다. 그리고 이 질문은 빌닷의 주장의 근거가 약하다는 것을 암시하는 것처럼 보입니다. 그는 인간을 이해하지 못했습니다. 그 점은 그가 인간을 달이나 별보다 못한 존재로 말한 점에서 분명히 드러납니다. 빌닷의 인간에 대한 몰이해 때문에 욥은 "뉘신이 네게서 나왔느냐"고 물었습니다. 욥은 빌닷이 하나님의 인도하심에 따라 말을 한 것이 아니라 그 자신의 불완전한 이해력을 바탕으로 하여 말을 하였음을 나타내기 위해 이러한 질문을 한 것입니다.

제26장

1 욥이 대답하여 가로되
2 네가 힘 없는 자를 참
잘 도왔구나 기력 없는 팔을
참 잘 구원하였구나
3 지혜 없는 자를 참
잘 가르쳤구나 큰 지식을 참
잘 나타내었구나
4 네가 누구를 향하여 말을
내었느냐 뉘 신이 네게서
나왔느냐

5 음령들이 큰 물과 수족
밑에서 떠나니
6 하나님 앞에는 음부도
드러나며 멸망의 웅덩이도
가리움이 없음이니라
7 그는 북편 하늘을 허공에
펴시며 땅을 공간에 다시며
8 물을 빽빽한 구름에 싸시나
그 밑의 구름이 찢어지지
아니하느니라
9 그는 자기의 보좌 앞을
가리우시고 자기 구름으로
그 위에 펴시며
10 수면에 경계를 그으셨으되
빛과 어두움의 지경까지
한정을 세우셨느니라
11 그가 꾸짖으신즉
하늘기둥이 떨며 놀라느니라
12 그는 권능으로 바다를
흉용케 하시며 지혜로 라합을
쳐서 파하시며
13 그 신으로 하늘을
단장하시고 손으로 날랜
뱀을 찌르시나니
14 이런 것은 그 행사의
시작점이요 우리가 그에게
대하여 들은 것도 심히 세미한
소리뿐이니라 그 큰 능력의
우뢰야 누가 능히 측량하랴

② 하나님의 위대하심에 대한 그의 지식 26:5-14

빌닷의 논증의 근거가 미약하다는 것을 보여주기 위해 욥은 하나님의 위대하심에 대해 말했습니다. 그렇게 함으로써 그는 자기가 친구들보다 그것을 더 잘 알고 있음을 보여준 것입니다.

그는 먼저 하나님의 권능이 음부에서 행사되었다고 선언했습니다.

> "음부도 드러나며 멸망의 웅덩이도
> 가리움이 없음이니라."

더구나 물질계는 하나님의 권능에 의해서만 떠받쳐졌습니다. 북쪽, 혹은 극 중심은 하나님께서 차지하고 계시며 그는 "땅을 공간에 다셨" 습니다.

땅에서 눈을 들어 하늘을 우러러보면서 그는 그 모든 것이 하나님의 권능 안에 있다고 선언합니다. 통제된 물과 빛과 어둠의 신비가 그의 통치 영역 안에 있습니다. 풍랑이 일었다가 가라앉는 것 역시 하나님의 권능과 성령의 결과입니다.

이와 같이 하나님의 위대하심과 통치를 알고 있다는 것을 이처럼 아름다운 시풍으로 언급한 다음, 그는 마지막으로 이 모든 일들이 "[하나님]의 보좌 앞" 에 있으며, 결국 인간이 자각하고 있는 모든 것은 하나님의 속삭임에 불과하다는 것을 보여주고 있습니다. 하나님의 권능의 천둥 번개는 인간의 이해를 초월하는 것입니다.

이와 같이 욥은 친구들처럼 자신도 하나님을 안다고 선언했습니다. 그러나 이러한 것들이 중요한 문제는 아니었으므로, 그것 때문에 그가 불안을 느끼지는 않았던 것입니다.

욥의 이러한 대답은 빌닷의 말에 적합한 것이었습니다. 앞에서도 살펴본 바와 같이, 빌닷의 말과 욥의 대답에는 새로운 내용이 들어 있지 않았습니다. 빌닷은 그 이상의 말을 할 수 없었습니다. 그래서 그는 하나님의 위대하심과 인간의 열등함을 일반적으로 비교할 뿐이었습니다. 욥은 빌닷의 이런 태도를 비웃고 자신이 하나님의 위대하심을 확실히 이해하고 있다고 주장했습니다.

마) 욥의 최종적인 대답 27:1-31:40

중단

① 침묵에 대한 조롱 27:1-23

(가) 무죄하다는 항의 1-6절

항의의 형식 2절

삽입절 3절

항의 4-6절

(나) 친구들에 대한 조롱 7-23절

주장 7-10절

승인 11-23절

시인 11,12절

강조된 그들의 견해 13-23절

*필자는 욥의 최종적인 연설 전체를 이루는 배열을 지지합니다. 모울턴(Moulton) 박사와 벌링거(Bullinger) 박사, 그리고 다른 몇몇 학자들은 이 부분에 소발의 연설을 삽입시키지만, 드라이버(Driver) 박사는 성경의 배열 순서를 따릅니다. 각기 다른 이 견해들에 대해 알고 싶은 독자는 각 저자의 책을 참조하기 바랍니다. 본 "분해 연구"는 그러한 논의를 전개시키기 위해 쓰여진 것이 아니기 때문입니다. 필자는 양측의 주장을 신중히 고려한 후에 이런 배열 순서를 따르기로 결정한 것임을 밝혀두는 바입니다.

본문 연구

마) 욥의 최종적인 대답 27:1-31:40

욥이 어느 시점에서 말을 잠시 중단했는지에 대해 독자들이 주의 깊게 고찰해 본다면, 친구들의 주장에 대한 욥의 최종적인 대답을 고찰하기가 훨씬 용이해질 것입니다. 첫 번째 견해는 중단 시점이 26장과 27장 사이라는 것입니다. 이 견해는 욥이 빌닷의 연설에 대해 대답한 후, 소발이 말하기를 기다렸다는 것입니다. 두 번째 견해는 욥이 친구들을 조롱한 직후, 이 문제를 전체적으로 깊이 숙고하기 전이라는 것입니다. 세 번째 견해는 이 숙고와 욥이 자신의 경험을 개관하는 구절 사이이며 거기에서 결론을 추론해 내었다는 것입니다. 마지막 견해는 이러한 개관과 추론, 그리고 대답의 결론에 해당하는 그의 형식적이고 법적인 무죄 선언 사이라는 것입니다.

이제 이 최종적인 대답을 네 부분으로 나누어 살펴보기로 하겠습니다. 침묵에 대한 조롱(27:1-23), 전체적인 문제에 대한 명상(28:1-28), 개관과 추론(29:1-30:31), 그리고 엄숙한 무죄 서약(31:1-40)이 그것입니다.

① 침묵에 대한 조롱 27:1-23

욥의 대답의 첫 번째 부분은 두 단락으로 이루어져 있습니다. 첫 번째 단락(1-6절)은 무죄하다는 항의를 다루고,

제27장

1 욥이 또 비사를 들어 가로되
2 나의 의를 빼앗으신 하나님,
나의 영혼을 괴롭게 하신
전능자의 사심을 가리켜
맹세하노니
3 (나의 생명이 아직 내 속에
완전히 있고 하나님의 기운이
오히려 내 코에 있느니라)
4 결코 내 입술이 불의를
말하지 아니하며 내 혀가
궤휼을 발하지 아니하리라
5 나는 단정코 너희를 옳다
하지 아니하겠고 죽기 전에는
나의 순전함을 버리지 않을 것
이라
6 내가 내 의를 굳게 잡고
놓지 아니하리니 일평생
내 마음이 나를 책망치
아니하리라

두 번째 단락(7-23절)은 친구들에 대한 조롱입니다.

(가) 무죄하다는 항의 1-6절

무죄하다는 항의는 엘리바스의 비난에 대한 직접적인 대답입니다. 욥은 엘리바스의 연설에 대해 직접 대답하면서, 이 비난을 무시해 보리고 자기가 하나님을 어떻게 생각하는지에 대한 자기 생각을 논하고 있습니다. 이제 욥은 이 비난을 강력하고도 단호하게 부인했습니다. 우리는 그가 항의하는 방식을 주의 깊게 고찰해야 하겠습니다. "전능자의 사심을 가리켜"라는 말은 하나님에 대한 그의 신앙을 나타내는 맹세입니다. 그러면서도 그는 하나님께서 자기의 권리를 취하셨으며 자기의 영혼을 괴롭힌다고 거듭 불평했습니다. 그리고 그는 논쟁을 시작한 이후, 지금까지 견지해온 입장을 철회하기를 단호히 거부했습니다. 그런데 이제 와서 죄를 고백한다는 것은 지금까지 그가 거짓말했음을 암시하는 것이 될 것입니다. 그가 죄를 시인하게 되면 그들이 옳았다는 뜻이 될 것입니다. 그는 의로웠으며 이 주장에 굴복할 수 없다고 선언하면서 이 사실을 재단언했습니다.

이 단락 한가운데에, 생략되서는 안 되는 삽입절이 나옵니다.

"나의 생명이 아직 내 속에 완전히 있고
하나님의 기운이 오히려 내 코에 있느니라."

이 말에는 그가 잃어버린 근거를 어느 정도 재획득했다는 증거가 들어 있습니다. 이 말들에는 하나님의 인격에 대한 주장과 하나님과의 관계에 대한 인식이 포함되어 있습니다. 이러한 두 가지 사항이 이 책의 맨 앞에서는 분명하게 드러났었지만, 그의 시련이 계속되는 과정에서 약화되었습니다.

(나) 친구들에 대한 조롱 27:7-23

욥의 대답은 항의에서 분노로 바뀝니다. 그는 먼저 그들이 악인의 역할을 떠맡으려 한다고, 즉 불의한 자들의 실제적인 의식을 가지려 한다고 주장했습니다. 그들이 자기의 논증을 따르고 있다고 가정한 그는 하나님께서 악인의 영혼을 떠나셨다면, 그가 소득이 있다 하더라도 그에게 무슨 소망이 있느냐고 따지고 들었습니다. 그리고나서 그는 고난당할 때 하나님께서 악인의 외침을 들어주시겠느냐고 물었습니다. 그는 하나님께서 악인의 기도를 들어주시지 않는다는 생각에서 이런 질문을 한 것입니다. 즉, 악인이 기도를 하면 하나님께서 악인의 기도를 들어주시겠는가? 바꾸어 말하면, 악인은 전능하신 하나님을 즐거워하고 언제든지 하나님께 요구할 수 있는가? 라는 것입니다.

이과 같이 욥은 자신과 악인 사이의 차이를 제시했습니다. 자신은 기도를 했으며 하나님을 즐거워했고, 하나님께 요구하기 위해 하나님을 찾고 싶어했다는 것입니다.

한편 욥은 주장을 하기 위해서 "악인이 하나님께 얻을 분깃, 강포자가 전능자에게 받을 산업"(27:13과 20:29참

7 나의 대적은 악인 같이 되고
일어나 나를 치는 자는 불의한
자 같이 되기를 원하노라
8 사곡한 자가 이익을
얻었으나 하나님이 그 영혼을
취하실 때에는 무슨 소망이
있으랴
9 환난이 그에게 임할 때에
하나님이 어찌 그 부르짖음을
들으시랴
10 그가 어찌 전능자를
기뻐하겠느냐 항상 하나님께
불러 아뢰겠느냐
11 하나님의 하시는 일을
내가 너희에게 가르칠 것이요
전능자의 뜻을 내가 숨기지
아니하리라
12 너희가 다 이것을 보았거
늘 어찌하여 아주 허탄한
사람이 되었는고
13 악인이 하나님께 얻을 분
깃, 강포자가 전능자에게
받을 산업은 이것이라
14 그 자손이 번성하여도
칼을 위함이요 그 후예는
식물에 배부르지 못할 것이며
15 그 남은 자는 염병으로
묻히리니 그의 과부들이 울지
못할 것이며
16 그가 비록 은을 티끌 같이

조)이라는 소발의 말을 인용하여 그들의 철학이 어느 정도 진실하다는 것을 시인했습니다.

소발의 이 진술을 욥은 한 문구로 표현했습니다. 그리고 이 문구는 그들의 생각을 완벽하게 나타내줍니다. 그러나 이러한 욥의 시인은 그들이 악인의 자리에 앉으려고 한다는 그의 주장에 비추어 해석되어야 합니다. 그들이 악인의 형벌에 대해 말한 모든 것은 틀림없는 사실입니다. 하나님을 믿지 않는 사람들은 벌을 받습니다. 그런 사람은 불경건하고 기도하지 않으며 하나님을 즐거워하지 않습니다. 반면에 그는 기도하며 하나님을 즐거워함으로 그들의 논증을 그에게 적용시킬 수 없습니다.

그들이 악인의 자리에 앉아 있다는 그의 주장은 사실상 비현실적인 것입니다. 그 속에는 원수가 악인과 같아지기를 바라는 그의 소망이 담겨있었던 것입니다. 그의 논증이 진행되는 가운데 그가 굳게 믿고 있는 것이 무엇인지 분명하게 드러나는 것 같습니다. 그것은 하나님께서 인간들의 사건에 개입하지 않으신다는 그의 불평과 정반대되는 것이었습니다. 그는 믿음의 힘을 과시하고 난 후, 하나님의 본성에 대해 그들에게 가르치겠노라고 선언하고, 하나님께서 악인을 방문하신다는 그들의 말을 채택하였으며 그것에 입각하여 그들을 정죄하였습니다. 그는 그들의 철학이 진실하다는 것을 시인하면서도 그것을 자신에게 적용시키는 것을 거부했습니다. 이와같이 그는 이 문제를 완전히 신비 가운데 남겨두었습니다. 그들이 말한 모든 것은 사실이었으나, 그것들이 그에게는 해당되지 않았습니다.

쌓고 의복을 진흙 같이
예비할찌라도
17 그 예비한 것을 의인이
입을 것이요 그 은은 무죄자가
나눌 것이며
18 그 지은 집은 좀의 집 같고
상직군의 초막 같을 것이며
19 부자로 누우나 그 조상에
게로 돌아가지 못할 것이요
눈을 뜬즉 없어졌으리라
20 두려움이 물 같이 그를
따라 미칠 것이요 폭풍이 밤에
그를 빼앗아갈 것이며
21 동풍이 그를 날려 보내며
그 처소에서 몰아내리라
22 하나님이 그를 아끼지
아니하시고 쏘시나니 그가
그 손에서 피하려 하여도
못할 것이라
23 사람들이 박장하며 비소하
고 그 처소에서 몰아내리라

그러므로 그의 고난을 설명할 다른 방법이 있어야 합니다. 여기에서 진술된 이 주장들은 선언되지는 않았으나, 원수들에 대한 성난 말투에서 이러한 주장을 추론해낼 수 있습니다.

중단

② 전체적인 문제와 관련된 명상 28:1-28

(가) 설명의 배경 : 광산 1-11절

장소 1,2절

과정 3-11절

(나) 선언의 전경 12-28절

첫 번째 질문 12절

첫 번째 대답 13-19절

두 번째 질문 20-22절

두 번째 대답 23-28절

하나님께서 이해하심 23-27절

인간의 대답 28절

본문 연구

② 전체적인 문제와 관련된 명상 28:1-28

대답의 어조는 이제 엘리바스의 비난을 부인하는 격렬한 말투에서 조용하고 명상적인 어투로 바뀌었습니다. 이러한 사실은 그 사이에 중단이 있었음을 암시합니다. 이 침묵은 극적이었고 효과가 매우 컸습니다. 욥은 이제 지혜의 전반적인 문제를 논의하고 있으며, 그렇게 함으로써 앞 단락에서 고찰된 견해를 더욱 의미심장하게 해줍니다. 그를 대할 때 그의 친구들에게 결여되어 있던 것은 이해할 수 있는 지혜였습니다. 그는 지금 지혜를 얻는 것이 얼마나 어려운지를 묘사하고 있습니다. 이 묘사는 두 부분으로 이루어져 있는데, 첫 번째 부분(1-11절)은 설명의 배경이고, 두 번째 부분(12-28절)은 선언의 전경입니다.

(가) 설명의 배경 : 광산 1-11절

욥은 자신의 주요한 논증을 소개하고 설명하기 위해 땅의 값진 것들을 소유할 수 있는 인간의 능력에 대해 묘사했습니다. 은과 금과 철, 그리고 동은 모두 땅속에 있지만, 그것들은 수고해야만 얻을 수 있는 것입니다.

인간이 이것을 획득하는 방법에 관한 그의 묘사는 아름다움으로 가득 차 있습니다. 그는 수갱을 파고 흑암을 파하고 끝까지 궁구합니다. 그가 작업하고 있는 것을 지나가

제28장

1 은은 나는 광이 있고
연단하는 금은 나는 곳이
있으며
2 철은 흙에서 취하고 동은
돌에서 녹여 얻느니라
3 사람이 흑암을 파하고
끝까지 궁구하여 음예와
유암 중의 광석을 구하되
4 사람 사는 곳에서 멀리 떠나
구멍을 깊이 뚫고 발이 땅에
닿지 않게 달려 내리니 멀리
사람과 격절되고 흔들흔들
하느니라
5 지면은 식물을 내나 지하는
불로 뒤집는 것 같고
6 그 돌 가운데에는 남보석이
있고 사금도 있으며
7 그 길은 솔개도 알지 못하고
매의 눈도 보지 못하며
8 위엄스러운 짐승도 밟지
못하였고 사나운 사자도
그리로 지나가지
못하였느니라
9 사람이 굳은 바위에 손을
대고 산을 뿌리까지
무너뜨리며
10 돌 가운데로 도랑을 파서
각종 보물을 눈으로 발견하고
11 시냇물을 막아 스미지
않게 하고 감취었던 것을
밝은데로 내느니라

는 사람들은 알지 못합니다. 새도 알지 못하는 길에서 귀중한 것들이 발견되었습니다. 짐승들은 그것을 알지 못하지만, 사람은 산의 밑을 파고 갱을 차단하여 귀한 것들을 찾아냅니다.

12 그러나 지혜는 어디서
얻으며 명철의 곳은 어디인고
13 그 값을 사람이 알지
못하나니 사람 사는 땅에서
찾을 수 없구나
14 깊은 물이 이르기를 내
속에 있지 아니하다 하며
바다가 이르기를 나와 함께
있지 아니하다 하느니라
15 정금으로도 바꿀 수 없고
은을 달아도 그 값을 당치
못하리니
16 오빌의 금이나 귀한
수마노나 남보석으로도
그 값을 당치 못하겠고
17 황금이나 유리라도 비교할
수 없고 정금 장식으로도
바꿀 수 없으며
18 산호나 수정으로도 말할
수 없나니 지혜의 값은
홍보석보다 귀하구나
19 구스의 황옥으로도 비교할
수 없고 순금으로도 그 값을
측량하지 못하리니
20 그런즉 지혜는 어디서
오며 명철의 곳은 어디인고
21 모든 생물의 눈에
숨겨졌고 공중의 새에게
가리워졌으며
22 멸망과 사망도 이르기를
우리가 귀로 그 소문은
들었다 하느니라
23 하나님이 그 길을 깨달으
시며 있는 곳을 아시나니

(나) 선언의 전경 12-28절

이런 식으로 물질적인 영역 안에서 매우 어려운 것들을 행할 수 있는 인간의 엄청난 능력을 묘사한 다음, 그는 지혜를 발견하는 것이 훨씬 더 어렵다고 선언했습니다. 그는 이러한 주장을 할 때 두 가지 질문을 하고 두가지 대답을 했습니다.

그의 첫 번째 질문(12절)은 "지혜는 어디서 얻으며 명철의 곳은 어디인고"라는 것이었습니다.

그의 대답(13-19절)은 지혜의 가치는 평가될 수 없으며 이 세상에서는 그 장소를 발견할 수 없다는 것이었습니다. 지혜는 시장 가치를 지니지 않습니다. 인간은 이 세상의 귀중한 것들, 즉 금과 은과 보석들을 발견할 수 있으나, 이것들과 인간이 발견할 수 없는 지혜를 비교할 때 이것들은 아무런 가치도 지니지 못합니다.

그의 두 번째 질문(20-22절)도 첫 번째 질문과 동일합니다. 다만 표현양식만이 약간 다를 뿐입니다. "그런즉 지혜는 어디서 오며 명철의 곳은 어디인고."

그는 이 질문에 대해 지혜가 삶과 죽음으로부터 감추어져 있다는 사실은 시인되어야 한다고 선언했습니다(23-27절). 이 승인은 그의 위대한 선언을 위한 준비 과정이었습니다. "하나님이 그 길을 깨달으시며 있는 곳을 아시나니." 이 선언이 진실하다는 증거는 하나님이 행하시는 불가능한 일들에 대한 고찰에서 발견될 수 있을 것입니다. 그는 땅끝까지 감찰하시며" "바람의 경중을 정하시며" "물을 되어 그 분량을 정하시며" "비를 위하여 명령하시고" "우리의 번개를 위하여 길을 정하셨음이라."라는 이상의 모든 말로 자신이 지혜의 장소를 보고 있으며, 그것을 완전히 안다는 사실을 명시하고 있습니다.

끝으로 욥은 사람에게 있어서 그 지혜가 어떻게 표현되는지를 고지했습니다(28절). 그것은 "주를 경외함"이요 "악을 떠남"인 것입니다.

이 모든 명상은 이제까지의 논쟁을 이해하는 데 도움이 됩니다. 그와 그의 친구들은 모두 고난 문제 때문에 당황하고 있는 것입니다. 그러나 그들은 모두 이 문제가 불가사의하다는 것을 인정하면서 하나님을 굳게 붙잡는 믿음을 갖고 있습니다. 욥과 친구들이 알고 있는 것은 하나님은 두려우신 분이며 악으로부터 떠나야 한다는 사실입니다.

이 주장에는 욥의 무죄 선언과 친구들에 대한 비난이 들어있습니다. 하나님의 행동을 해석하고자 할 때 그들은 사실상 하나님으로부터 떠났던 것입니다.

하나님의 활동에 대한 독선적인 해석은 하나님에 대한 존경심의 결과라기보다는 하나님의 통치의 비밀을 설명할 수 없다는 표현이 되는 것입니다.

더구나 이 명상 속에는 욥의 의식을 희미하게나마 비춰

24 이는 그가 땅끝까지
감찰하시며 온 천하를 두루
보시며
25 바람의 경중을 정하시며
물을 되어 그 분량을 정하시며
26 비를 위하여 명령하시고
우뢰의 번개를 위하여 길을
정하셨음이라
27 그 때에 지혜를 보시고
선포하시며 굳게 세우시며
궁구하셨고
28 또 사람에게 이르시기를
주를 경외함이 곧 지혜요 악을
떠남이 명철이라 하셨느니라

줄 증거가 들어 있습니다. 그는 하나님을 두려워했으며 악으로부터 떠났습니다. 그러므로 그는 하나님의 지혜를 깨달은 것입니다.

"

영혼에서 나오는 가르침은

영혼에 가장 잘 역사한다

토머스 플러

"

중단

③ 개관과 추론 29:1-30:31

- (가) 과거의 부유했던 시절에 대한 기억 29:1-25
    - 묘사됨 2-10절
        - 하나님 2-5a절
        - 자녀들 5b절
        - 번영 6절
        - 존중 7-10절
    - 선언된 비밀 11-17절
        - 자비 11-13절
        - 공의로운 통치 14-17절
    - 묘사된 의식 18-20절
        - 소망 18절
        - 힘 19,20절
    - 기억된 존엄성 21-25절
        - 존경 21, 22절
        - 확신 23, 24절
        - 영향력 25절
- (나) 대조적인 현재 상태 30:1-23
    - 비천한 자들이 그를 정죄함 1-8절
    - 의식 9-15절
    - 그 이유 16-20절
    - 묘사 21-23절
- (다) 그의 불평의 정당성 24-31절
    - 진술됨 24절
    - 자신의 과거 행동에 의해 촉구됨 25절
    - 불평 26-31절

본문 연구

③ 개관과 추론 29:1-30:31

어조가 또다시 바뀝니다. 잠시 말을 멈춘 후, 욥은 자기 인생 경험을 간단히 언급하고 아울러 자신의 불평이 정당하다고 말합니다. 욥은 아직 앞에서 제기된 문제를 해결하지 못했습니다. 그는 친구들이 제시한 해답을 단호히 거부하고 있었던 것입니다. 엄숙한 무죄 선고를 하기 전에 먼저 그는 행복했던 날을 회고하고(29:1-25), 그 과거와 대조적인 현재 상태를 묘사한 다음(30:1-23), 마지막으로 자신의 불평이 정당하다고 말했습니다. (30:24-31).

(가) 과거의 부유했던 시절에 대한 기억 29:1-25

과거에 대한 그의 묘사는 "나의 강장하던 날과 같이 지내었으면" 이라는 탄식으로 시작되었습니다.

그는 자신이 회상하고 있던 것을 하나님과 관련해서 맨 처음에 묘사했습니다. 옛날은 그가 하나님의 돌보심과 도움을 의식했던 친교의 날이었습니다.

그리고나서 그는 괴로움의 흐느낌이 담긴 한 문장으로 자녀들에 대해 언급했습니다.

"나의 자녀들이 나를 둘러있었으며."

제29장

1 욥이 또 비사를 들어 가로되
2 내가 이전 달과 하나님이
나를 보호하시던 날에 지내던
것 같이 되었으면
3 그 때는 그의 등불이
내 머리에 비취었고 내가
그 광명을 힘입어 흑암에
행하였었느니라
4 나의 강장하던 날과 같이
지내었으면 그 때는 하나님의
우정이 내 장막 위에 있었으며
5 그 때는 전능자가 오히려
나와 함께 계셨으며 나의
자녀들이 나를 둘러 있었으며
6 뻐터가 내 발자취를 씻기며
반석이 나를 위하여 기름시내
를 흘려 내었으며
7 그 때는 내가 나가서 성문에
이르기도 하며 내 자리를
거리에 베풀기도
하였었느니라
8 나를 보고 소년들은 숨으며
노인들은 일어나서 서며
9 방백들은 말을 참고 손으로
입을 가리우며
10 귀인들은 소리를 금하니
그 혀가 입 천장에
붙었었느니라
11 귀가 들은즉 나를 위하여
축복하고 눈이 본즉 나를
위하여 증거하였었나니
12 이는 내가 부르짖는
빈민과 도와줄 자 없는 고아를
건졌음이라
13 망하게 된 자도 나를
위하여 복을 빌었으며 과부의
마음이 나로 인하여 기뻐
노래하였었느니라
14 내가 의로 옷을 삼아
입었으며 나의 공의는 도포와

면류관 같았었느니라
15 나는 소경의 눈도 되고
절뚝발이의 발도 되고
16 빈궁한 자의 아비도 되며
생소한 자의 일을 사실하여
주었으며
17 불의한 자의 어금니를
꺾고 그 잇사이에서 겁탈한
물건을 빼어 내었었느니라
18 내가 스스로 말하기를
나는 내 보금자리에서
선종하리라 나의 날은
모래 같이 많은 것이라
19 내 뿌리는 물로
뻗어나가고 내 가지는 밤이
맞도록 이슬에 젖으며
20 내 영광은 내게 새로와지
고 내 활은 내 손에서 날로
강하여지느니라 하였었노라
21 무리는 내 말을 들으며
나의 가르치기를 잠잠히
기다리다가
22 내가 말한 후에 그들이
말을 내지 못하였었나니 나의
말이 그들에게 이슬 같이
됨이니라
23 그들이 나 바라기를
비 같이 하였으며 입을
벌리기를 늦은 비 기다리듯
하였으므로
24 그들이 의지 없을 때에
내가 함소하여 동정하면
그들이 나의 얼굴 빛을
무색하게 아니하였었느니라
25 내가 그들의 길을 택하고
으뜸으로 앉았었나니 왕이
군중에 거함도 같았고
애곡하는 자를 위로하는
사람도 같았었느니라

그 다음에 그는 과거의 많은 재산과 그가 모든 사람들로부터 받았던 존경에 대해 언급했습니다. 그는 가장 명예로운 지위를 차지했던 것입니다. 젊은이나 노인이나 모두 그를 존경했습니다. 가장 높은 지위에 있던 사람들도 그의 위대함을 인정하고 그를 존경했습니다.

그리고 나서 그는 자신이 이토록 존경받은 이유를 사람들에 대한 자신의 태도 때문이라고 선언했습니다. 그는 궁핍한 가운데 처해있던 모든 사람의 친구였습니다. 의의 옷을 입고 공평의 관을 쓴 그는 압제자를 처벌하고 억압받는 사람들을 위로하는 등 사람들의 사건을 처리했습니다.

그 다음에 그는 그당시 자신의 마음을 묘사했습니다. 그 당시 그는 안전하고 힘이 있었기 때문에 희망으로 가득 차 있었습니다.

끝으로 그는 사람들이 그의 말을 듣고 그의 시중을 들으며 그를 신뢰하고 진심으로 애통하는 자들을 위로하던 때의 고귀한 자신의 지위를 성찰하였습니다.

그는 이와 같이 과거 부유했던 때의 친절함과 관대함을 상기시킴으로써 가난한 자들을 착취하고 굶주린 자들을 모른척하고 무력한 자들을 억압했다는 엘리바스의 비난을 단호히 거부했습니다.

(나) 대조적인 현재 상태 30:1-23

욥은 곧이어 현재 상태에 관한 묘사로 넘어가고 있습니다. 과거에 관한 언급과 이렇게 대조를 이룸으로써 현재 상태에 관한 묘사는 더욱 생생해졌습니다.

그는 먼저 지금 자기를 경멸하고 있는 비천한 자들에 대해 묘사했습니다. 이 세 번째 범주의 첫 부분에서 엘리바스의 연설에 대해 대답하면서 그는 악인들에 대해 묘사했습니다. 그의 불평은 하나님께서 그런 자들의 행동을 막지 않으신다는 것이었습니다. 그를 경멸하는 비천한 자들에 관한 묘사는 그것과 정확히 일치합니다. 옛날에는 지체 높은 사람들까지도 그를 존경했습니다. 그러나 지금은 하찮고 보잘 것 없는 사람까지 그를 경멸하고 있습니다.

그는 실제적인 고난에 처해 있었던 것입니다. 행복했던 과거와 대조되는 현재의 상황을 생각하면서 "이제는 내가 그들의 노래가 되며"라고 탄식했습니다.

그는 이 비천한 자들까지 자기를 멸시하는 것을 보고 마음이 괴로웠기 때문에, 포위당한 요새의 비유를 사용해서 자신의 처지를 묘사했습니다. 이 사람들이 자기 주변에 모여있는 것으로 묘사했습니다. 그는 자신이 고난을 당하고 있을 때, 이 사람들이 그의 영광스러웠던 과거를 잊어버리고 조롱한다는 사실이 참을 수 없었던 것입니다.

"그들이 내 영광을 바람같이 모니." 셰익스피어의 작품에서 마크 안토니(Mark Antony)는 케자르의 시신을 보고 이렇게 말했습니다.

> "그러나 어제는 케자르의 말이
> 세상 맞은 편에 서 있었던 것 같았는데
> 이제는 그가 그곳에 있구나
> 그리고 이제 아무도 그를 존경하지 않는구나."

제30장

1 그러나 이제는 나보다 젊은
자들이 나를 기롱하는구나
그들의 아비들은 나의 보기에
나의 양떼 지키는 개 중에도
둘만하지 못한 자니라
2 그들은 장년의 기력이
쇠한 자니 그 손의 힘이 내게
무엇이 유익하랴
3 그들은 곧 궁핍과 기근으로
파리하매 캄캄하고 거친
들에서 마른 흙을 씹으며
4 떨기나무 가운데서 짠
나물도 꺾으며 대싸리 뿌리로
식물을 삼느니라
5 무리는 도적을 외침 같이
그들에게 소리지름으로
그들은 사람 가운데서
쫓겨나서
6 침침한 골짜기와 흙
구덩이와 바위 구멍에서 살며
7 떨기나무 가운데서
나귀처럼 부르짖으며
가시나무 아래 모여 있느니라
8 그들은 본래 미련한 자의
자식이요 비천한 자의
자식으로서 고토에서
쫓겨난 자니라
9 이제는 내가 그들의 노래가
되며 그들의 조롱거리가
되었고
10 그들은 나를 미워하여
멀리 하고 내 얼굴에 침 뱉기
를 주저하지 아니하나니
11 이는 하나님이 내 줄을
늘어지게 하시고 나를 곤고케
하시매 무리가 내 앞에서
굴레를 벗었음이니라
12 그 낮은 무리가 내 우편에
서 일어나 내 발을 밀뜨리고
나를 대적하여 멸망시킬

길을 쌓으며
13 도울 자 없는 그들이
내 길을 헐고 내 재앙을
재촉하는구나
14 성을 크게 파괴하고
그 파괴한 가운데로 몰려
들어 오는것 같이 그들이
내게로 달려드니
15 놀람이 내게 임하는구나
그들이 내 영광을 바람 같이
모니 내 복록이 구름 같이
지나갔구나
16 이제는 내 마음이 내 속에
서 녹으니 환난날이 나를
잡음이라
17 밤이 되면 내 뼈가 쑤시니
나의 몸에 아픔이 쉬지
아니하는구나
18 하나님의 큰 능력으로
하여 옷이 추하여져서
옷깃처럼 내 몸에 붙었구나
19 하나님이 나를 진흙
가운데 던지셨고 나로 티끌과
재 같게 하셨구나
20 내가 주께 부르짖으오나
주께서 대답지 아니하시오며
내가 섰사오나 주께서
굽어보시기만 하시나이다
21 주께서 돌이켜 내게
잔혹히 하시고 완력으로
나를 핍박하시오며
22 나를 바람 위에 들어 얹어
불려가게 하시며 대풍 중에
소멸케 하시나이다
23 내가 아나이다 주께서
나를 죽게 하사 모든 생물을
위하여 정한 집으로 끌어
가시리이다

24 그러나 사람이 넘어질 때
에 어찌 손을 펴지 아니하며
재앙을 당할 때에 어찌 도움을

욥의 경우에는 이보다 더 괴로웠습니다. 왜냐하면 가난한 사람들이 그를 존경하지 않고 비천한 자들이 그를 멸시했을 뿐만 아니라, 그는 죽음의 침묵 속에서 피난처를 발견하지 못했기 때문입니다.

욥은 자신이 당한 시련에 대해 계속해서 이야기한 다음, 또다시 자신의 고통에 대해 묘사합니다. 사람들에게 비난을 당하고 있는 중에도 그의 육체적인 고통이 계속되었기 때문에 쉴 수가 없었습니다. 그러나 이보다 더 슬픈 일은 그가 하나님께 부르짖었지만, 하나님은 응답해 주시지 않고 시련만 계속되었다는 것입니다.

고통에 관한 그의 마지막 묘사는 행복했던 날들에 관한 첫 번째 묘사와 대조시킬 때에만 제대로 이해될 수 있습니다. 그때는 하나님께서 그의 친구이셨습니다. 그러나 지금 하나님은 그의 반대편에 서 계십니다. 그 당시에는 그의 자녀들이 곁에 있었으나 지금은 그들의 이름이 거론조차 되지 않고 있습니다. 그 당시에 그는 부유했으나 지금은 몰락하고 말았습니다. 그 당시에 그는 크게 존경을 받았으나 지금은 사망의 그림자를 향해 가고 있습니다.

(다) 그의 불평의 정당성 24-31절

욥은 마음속으로 과거와 현재를 비교해 가면서 자신이 고난을 당하고 있으므로 불평하는 것은 당연하다고 주장했습니다. 과거에 그가 억압당하는 자를 동정했는데도 불구하고 지금 자신이 이런 일을 당하고 있기 때문이라는 것입니다. 우리는 최소한 그 사람의 영혼 속에 작용하고 있는 의심을 깨닫지 못한 채 "내가 주께 부르짖으오나 주께서 대답지 아니하시오며 내가 섰사오나 주께서 굽어보시기만 하시니이다"라는 말을 "고생의 날 보내는 자를 위하여 내가 울지 아니하였는가 빈궁한 자를 위하여 내 마음에 근심하지 아니하였는가"라는 말과 비교해서는 안 됩니다.

격렬한 말로 자신이 당한 고난에 대해 거듭 이야기하면서 그는 이 고난 때문에 자신이 애통해한다고 선언했습니다.

부르짖지 아니하겠는가
25 고생의 날 보내는 자를
위하여 내가 울지
아니하였는가 빈궁한 자를
위하여 내 마음에 근심하지
아니하였는가
26 내가 복을 바랐더니 화가
왔고 광명을 기다렸더니
흑암이 왔구나
27 내 마음이 어지러워서
쉬지 못하는구나 환난날이
내게 임하였구나
28 나는 햇볕에 쬐지 않고
검어진 살을 가지고 걸으며
공회 중에 서서 도움을
부르짖고 있느니라
29 나는 이리의 형제요
타조의 벗이로구나
30 내 가죽은 검어져서
152떨어졌고 내 뼈는 열기로
하여 탔구나
31 내 수금은 애곡성이 되고
내 피리는 애통성이 되었구나

중단

④ 엄숙한 무죄 서약 31:1-40

(가) 개인적인 삶에서 : 진지하게 1-12절

악한 욕망을 가지고 바라봄 1-4절

악한 행동 5-8절

더럽혀진 삶 9-12절

(나) 이웃에 대해 : 의롭게 13-23절

종들에 대해 13-15절

가난한 자에 대해 16-23절

(다) 하나님에 대해 : 경건하게 24-34절

우상숭배 24-28절

복수심 29-32절

위선 33, 34절

(라) 마지막 항의 35-40절

서명 35절

기소 36,37절

마지막 선언 38-40절

본문 연구

④ 엄숙한 무죄 서약 31:1-4

욥의 엄숙한 무죄 서약에 대해 고찰하기 전에, 우리는 이 마지막 연설의 이 부분에 이르기까지 그 과정을 간단히 개괄해 보아야 하겠습니다. 왜냐하면 이제까지의 모든 것은 이 단락에 나오는 말의 준비 과정이었기 때문입니다.

소발이 침묵하자, 욥은 먼저 자신의 무죄를 주장한 다음, 원수들에게 화를 냈습니다. 그들이 지혜롭지 못하다는 것이었습니다. 그 다음에 그는 인간은 지혜를 지닐 수 없으며 하나님만이 그것을 지닐 수 있다고 선언했습니다. 그는 인간에게 있어서 지혜란 하나님을 경외하고 악을 떠나는 것이라고 말했습니다. 끝으로 그는 부유했던 과거를 비참한 현재와 대조시키면서 자기가 불평하는 것은 당연한 일이라고 주장했습니다.

이제 그는 심사숙고한 후, 장황하게 자신의 무죄를 맹세하고 있습니다. 이것은 세 친구들의 주장에 대한 최종적인 응답입니다. 그들은 말끝마다 그가 고난을 당하는 것은 죄 때문이라고 단정짓곤 했습니다. 이에 대해 욥은 그들의 철학이 여러번 잘 들어맞지 않았으며, 자신의 경우에도 그러하다고 대답했습니다.

이제 그는 조심스러운 어투로 사생활에서도 죄를 범한 경우가 없다고 주장했습니다. 이웃을 대할 때도 그렇고 하

제31장

1 내가 내 눈과 언약을
세웠나니 어찌 처녀에게
주목하랴
2 그리하면 위에 계신
하나님의 내리시는 분깃이
무엇이겠으며 높은 곳에서
전능자의 주시는 산업이
무엇이겠느냐
3 불의자에게는 환난이
아니겠느냐 행악자에게는
재앙이 아니겠느냐
4 그가 내 길을 감찰하지
아니하시느냐 내 걸음을
다 세지 아니하시느냐
5 언제 나의 행위가
허탄하였으며 내 발이
궤휼에 빨랐던가
6 그리하였으면 내가 공평한
저울에 달려서 하나님이 나의
정직함을 아시게되기를
원하노라
7 언제 내 걸음이 길에서
떠났던가 내 마음이 내 눈을
따라갔던가 내 손에
더러운 것이 묻었던가
8 그리하였으면 나의
심은 것을 타인이 먹으며
나의 소산이 뿌리까지 뽑히는
것이 마땅하니라
9 언제 내 마음이 여인에게
유혹되어 이웃의 문을 엿보아
기다렸던가

10 그리하였으면 내 처가
타인의 매를 돌리며 타인이
더불어 동침하는 것이
마땅하니라
11 이는 중죄라 재판장에게
벌 받을 악이요
12 멸망하도록 사르는 불이라
나의 모든 소산을 뿌리까지
없이할 것이니라

나님과 관계할 때도 전혀 잘못이 없다는 것입니다. 그는 마지막 항의를 하고 고소할 것을 요구했습니다. 세 차례의 무죄 선언은 "진지하게, 의롭게, 경건하게"라는 사도적인 말로 암시된, 인간의 삶의 세 가지 관계들과 관련이 있습니다.

(가) 개인적인 삶에서: "진지하게" 1-12절

자신의 개인적인 순결 문제를 다루던 욥은 자신이 자기 눈과 언약을 세우고 하나님이 지켜보시기라도 하는 것처럼 행동했으며 절대로 음흉하게 여자들을 바라보지 않았다고 선언했습니다. 그는 이것이 거짓말이라면 자기에게 저주를 내리라고 요구함으로써, 자신의 말이 진실임을 주장했습니다. 끝으로 그는 매우 단호하게 자신이 용서받을 수 없는 그런 죄를 짓지 않았다고 주장했습니다.

13 남종이나 여종이 나로
더불어 쟁변할 때에 내가 언제
그의 사정을 멸시하였던가
14 그리하였으면 하나님이
일어나실 때에는 내가 어떻게
하겠느냐 하나님이
국문하실 때에는 내가
무엇이라 대답하겠느냐
15 나를 태 속에 만드신 자가
그도 만들지 아니하셨느냐
우리를 뱃속에 지으신 자가
하나가 아니시냐
16 내가 언제 가난한 자의
소원을 막았던가 과부의
눈으로 실망케 하였던가
17 나만 홀로 식물을 먹고
고아에게 먹이지
아니하였던가
18 실상은 내가 젊었을
때부터 고아를 기르기를
그의 아비처럼 하였으며 내가
모태에서 나온 후로 과부를
인도하였었노라
19 내가 언제 사람이 의복이
없이 죽게 된 것이나 빈궁한
자가 덮을 것이 없는 것을
보고도

이런 식으로 개인적인 무죄를 선언하는 과정에서 그는 하나님을 변호자로 내세웠습니다. 그리고 자기의 말이 진실이 아니라면, 자기에게 저주를 내려달라고 요구함으로써 사실상 그는 자신이 이런 짓을 저질렀다면 지금 당하고 있는 시련은 납득할 만한 것임을 선언하고 있었던 것입니다. 따라서 이와 같이 그에게 죄가 없기 때문에 그가 고난을 당하는 수수께끼는 아직도 풀리지 않은 것입니다.

(나) 이웃에 대해: "의롭게" 13-23절

다음에 욥은 이웃에 대해 무죄하다는 주장을 하기 위해 먼저 하인들에 대해 언급합니다. 그는 하나님 앞에서는 자기 자신이나 그들이나 평등하다고 말하면서 자기와 뜻을 달리하는 그들의 주장을 멸시한 적이 없다고 주장했습니다.

가난한 자에 대해서 그는 공의를 베풀었을 뿐만 아니라 친절하게 대했습니다. 그는 높은 자리에 있는 사람들이 가난한 사람을 억압하는 방식들을 제시했습니다. 즉, 그들은 가난한 자들을 강탈하고 이기적으로 대하고 무관심하고 불공정하게 대하는 자들입니다. 그리고나서 욥은 자신은 이들에게 이런 짓을 하지 않았다고 선언했습니다. 그는 가난한 자나 과부를 약탈한 적이 없으며 맛있는 음식을 혼자 먹지도 않았습니다. 성문에 앉아서 사람들을 학대할 수 있었는데도 그는 그렇게 하지 않았던 것입니다.

그는 하나님에 대한 두려움 때문에 솔직하게 행동했다고 고백했습니다.

비교적 정직했다고 하는 그의 주장에는 그렇지 않을 경우 자신이 고난 당하는 것이 당연하다는 뜻이 함축되어 있습니다. 따라서 그는 자신이 이 문제에 관한 한 정직하기 때문에 고난을 당하는 이유를 알 수 없었던 것입니다.

(다) 하나님에 대해 :" 경건하게 " 24-34절

끝으로 욥은 자신이 하나님에 대해서도 정직하다고 주장했습니다. 그는 우상을 숭배하지도 않았으며 재물을 탐하지도 않았습니다. 또한 햇빛이 찬란하게 비칠 때나 달이 빛을 발할 때에도 자연 숭배에 빠지지 않았습니다.

그리고 그에게는 이웃의 고난을 즐기는 악한 성향이 없

20 나의 양털로 그 몸을
더웁게 입혀서 그로 나를
위하여 복을 빌게 하지
아니하였던가
21 나를 도와주는 자가
성문에 있음을 보고 내가 손을
들어 고아를 쳤던가
22 그리하였으면 내 어깨가
어깨 뼈에서 떨어지고 내
팔 뼈가 부러짐이 마땅하니라
23 나는 하나님의 재앙을
심히 두려워하고 그 위엄을
인하여 아무 것도 할 수
없느니라

24 내가 언제 금으로
내 소망을 삼고 정금더러 너는
내 의뢰하는 바라 하였던가
25 언제 재물의 풍부함과
손으로 얻은 것이 많음으로
기뻐하였던가
26 언제 태양의 빛남과 달의
명랑하게 운행되는 것을 보고
27 내 마음이 가만히
유혹되어 손에 입맞추었던가
28 이 역시 재판장에게
벌 받을 죄악이니 내가
그리하였으면 위에 계신
하나님을 배반한 것이니라
29 내가 언제 나를 미워하는
자의 멸망을 기뻐하였으며
그의 재앙 만남을 인하여
기운을 뽐내었던가

30 실상은 내가 그의 죽기를
구하는 말로 저주하여
내 입으로 범죄케
아니하였느니라
31 내 장막 사람의 말이
주인의 고기에 배부르지 않은
자가 어디 있느뇨 하지
아니하였었는가
32 나그네로 거리에서 자게
하지 아니하고 내가 행인에게
내 문을 열어 주었었노라
33-34 내가 언제 큰 무리를
두려워하며 족속의 멸시를
무서워함으로 잠잠하고 문에
나가지 아니하여 타인처럼
내 죄악을 품에 숨겨 허물을
가리었었던가

었습니다. 이 선언에는 친구들에 대한 풍자적인 말이 담겨 있었던 것 같습니다.

이러한 맥락에서 그는 자신이 위선적인 태도를 취하지 않았다고 주장했습니다. 그는 사람들이 두려워서 자기의 잘못을 은폐시키거나 죄를 가슴에 묻어두는 일은 하지 않았습니다.

이 주장에는 그가 이런 짓을 저질렀다면, 이와 같은 고난을 당하는 것은 당연한 일이라는 뜻이 함축되어 있습니다. 그가 이것을 수수께끼로 여긴다는 것은 그 자신이 무죄하다고 선언하는 중에 "누구든지 나의 변백을 들을찌니라."고 외쳤다는 사실에서 잘 드러납니다.

35 누구든지 나의 변백을 들
을찌니라 나의 서명이 여기
있으니 전능자가 내게
대답하시기를 원하노라
내 대적의 기록한 소송장이
내게 있었으면
36 내가 어깨에 메기도 하고
면류관처럼 머리에 쓰기도
하며
37 내 걸음의 수효를 그에게
고하고 왕족처럼 그를 가까이
하였으리라
38 언제 내 토지가 부르짖어
나를 책망하며 그 이랑이
일시에 울었던가
39 언제 내가 값을 내지 않고
그 소산물을 먹고 그 소유주로
생명을 잃게 하였던가
40 그리 하였으면 밀 대신에
찔레가 나고 보리 대신에
잡풀이 나는 것이 마땅하니라
하고 욥의 말이 그치니라

(라) 마지막 항의 35-40절

삽입절에서 그는 자신이 맹세한 말에 서명했다고 선언하고, 하나님께서 자기의 말에 응답해 주시기를 바란다고 당부했습니다.

마지막에 그는 원수들의 소송장을 요구하고 있습니다. 그 소송장이 사실이면 저주가 자기에게 임하기를 바란다고 하면서 말을 끝냅니다.

"욥의 말이 그치니라."는 마지막 말은 일반적으로 욥기 저자의 말, 혹은 후대의 편집자나 필사자의 말로 간주되었습니다. 그러나 필자가 왜 이 말을 이곳에 기록하였는지 알 수 없습니다. 따라서 이 말은 사실적이며 의미심장합니다. 욥은 이제 더이상 할 말이 없었습니다. 그가 고난당하는 이유는 여전히 비밀에 싸여 있었으며, 그는 침묵을 지키기로 마음먹고 그렇게 하기로 결정했다고 말했던 것입니다.

본문분해

3) 마지막 목소리 32:1-37:24

서론 32:1-5

세 사람의 침묵 1절

엘리후의 분노 2-5절

(1) 예비 32:6-33:7

가) 그의 변명 32:6-22

① 침묵하는 이유 6-7절

② 말하는 이유 8-20절

(가) 하나님에게서 온 지혜 8절

(나) 세 사람의 실패 9-16절

(다) 그 자신의 확신 17-20절

③ 말하는 방식 21,22절

나) 그의 호소 33:1-7

① 호소 1,2절

② 논증 3-7절

(가) 엘리후의 성실성 3절

(나) 욥과의 관계 4-7절

본문 연구

3) 마지막 목소리 32:1-37:24

이상에서 벌어진 논쟁의 마지막 목소리가 이제 들리기 시작합니다. 이것은 새로운 사람의 목소리이며 욥에게는 이 목소리에 대답할 기회가 주어지지 않았습니다. 그가 말을 마치기도 전에 갑자기 하나님께서 개입하셨던 것입니다. 처음의 세 친구들이 다시 등장하는 결론에서 엘리후는 언급되지 않았습니다.

그러나 이 사람의 장황한 연설은 매우 흥미로우며, 처음의 세 친구보다 더 높은 수준에서 진행되었습니다.

서론(32:1-5) 뒤에 엘리후의 연설이 나오는데, 그의 연설은 서두 부분(32:6-33:7), 욥이 말한 몇가지 사항에 대한 주의깊은 대답(33:8-35:16), 그리고 마지막에 자신의 철학(36:1-37:24)으로 이루어져 있습니다.

서론 32:1-5

본서의 저자는 짤막하게 엘리후를 소개하고 있습니다. "욥이 스스로 의롭게 여기므로 그 세 사람의 대답이 그치매" 즉, 그들은 자신들이 그에게 유죄 선고를 내릴 수 없다는 사실을 알고 있었던 것입니다.

제32장

1 욥이 스스로 의롭게
여기므로 그 세 사람의 대답이
그치매
2 람 족속 부스 사람 바라겔의
아들 엘리후가 노를 발하니
그가 욥에게 노를 발함은 욥이
하나님보다 자기가 의롭다
함이요
3 또 세 친구에게 노를 발함은
그들이 능히 대답지는 못하여
도 욥을 정죄함이라
4 엘리후가 그들의 나이
자기보다 많으므로 욥에게
말하기를 참고 있다가
5 세 사람의 입에 대답이
없음을 보고 노를 발하니라
6 부스 사람 바라겔의 아들
엘리후가 발언하여 가로되
나는 년소하고 당신들은
년로하므로 참고 나의 의견을
감히 진술치 못하였노라
7 내가 말하기를 날이 많은
자가 말을 낼 것이요 해가
오랜 자가 지혜를 가르칠
것이라 하였으나
8 사람의 속에는 심령이 있고
전능자의 기운이 사람에게
총명을 주시나니
9 대인이라고 지혜로운 것이
아니요 노인이라고 공의를
깨닫는 것이 아니라
10 그러므로 내가 말하노니
내 말을 들으라 나도
내 의견을 보이리라
11 내가 당신들의 말을
기다렸고 당신들이 할 말을
합당하도록 하여 보는 동안에
그 변론에 내 귀를 기울였더니
12 자세히 들은즉 당신들
가운데 욥을 꺾어 그 말을

대답하는 자가 없도다
13 당신들이 혹시라도
말하기를 우리가 지혜를
깨달았었구나 그를 이길 자는
하나님이시요 사람이 아니라
하지 말찌니라
14 그가 내게 말을 내지
아니하였으니 나도 당신들의
말처럼 그에게 대답지
아니하리라
15 그들이 놀라서 다시
대답하지 못하니 할 말이
없음이로구나
16 그들이 말이 없이 가만히
서서 다시 대답지 아니한즉
내가 어찌 더 기다리랴
17 나도 내 본분대로
대답하고 나도 내 의향을
보이리니
18 내게 말이 가득하고
내 심령이 나를 강박함이니라
19 보라 내 가슴은 봉한
포도주 같고 새 가죽 부대가
터지게 됨 같구나
20 내가 말을 발하여야
시원할 것이라 내 입을 열어
대답하리라
21 나는 결코 사람의 낯을
보지 아니하며 사람에게
아첨하지 아니하나니
22 이는 아첨할줄을 알지
못함이라 만일 그리하면 나를
지으신 자가 속히 나를
취하시리로다

젊은 엘리후는 이제까지의 논증을 계속 듣다가 화가 났던 것 같습니다. 그는 욥이 하나님이 아니라 오히려 자신을 의롭게 여기는 것을 보고 화가 났던 것입니다. 욥은 자신의 무죄를 주장하려고 부단히 노력했습니다. 그의 친구들의 철학에 비추어볼 때 그렇게 하는 것이 하나님을 불공평한 분으로 비난하는 것이었는데도 말입니다. 엘리후는 비록 그의 상황이 어렵다 하더라도 하나님을 옹호하는 일에 관심을 쏟았어야 한단고 여겼던 것 같습니다.

그는 또 욥의 친구들이 맡은 임무를 충실히 이행하지 않았기 때문에 그들에 대해서도 화를 냈습니다. 그들은 욥과의 논쟁에서 실패했던 것입니다. 엘리후는 그들이 욥의 말에 답변을 못했다고 생각했습니다. 그런데도 그들은 욥을 비난했던 것입니다. 그래서 그는 그들에게 화를 낸 것입니다. 그는 그들의 말을 들으면서 자신이 이 문제를 다룰 수 있다고 생각했지만, 자기보다 나이가 많은 이 사람들이 말을 마칠 때까지 잠자코 있었습니다.

(1) 예비 32:6-33:7

그는 본론에 들어가기 전에 먼저 변명(32:6-22)과 호소(33:1-7)를 했습니다.

가) 그의 변명 32:6-22

그는 자기가 지금까지 잠자코 있었던 이유는 자신의 나이가 어렸기 때문이라고 선언하고, 지금 말을 하려고 하는 이유도 밝혔습니다. 그는 지혜에 관하여 논증할 때 욥의 입장을 받아들였습니다. 즉, 인간이 이해력을 가질 수 있었던 것은 하나님의 영감의 결과였던 것입니다.

그러나 그는 인간에게는 그러한 영감을 받을 수 있는 정신이 있다고 주장했습니다. 그는 그들의 말을 들으면서 나이가 많다고 해서 항상 지혜가 있는 것은 아니라는 결론에 이르렀습니다. 그는 욥의 친구들에게 자신을 소개하면서 자신이 기다렸으며 그들이 실패했다고 선언했습니다. 그 중에서 욥을 설득시킨 사람은 아무도 없었으며 욥의 말에 만족할 만한 대답을 준 사람도 없었습니다. 그래서 그는 새 방법을 채택한 것입니다. 그는 할 말이 많다고 선언하면서, 말하기로 결심했다고 주장하고 사람을 생각하지 않고 자신이 믿는 것만을 말하겠다고 말했습니다.

나) 그의 호소 33:1-7

그리고나서 그는 욥에게 성실한 동기를 가지고 하는 자기의 말을 들어 달라고 호소하고 자기는 판단자의 입장에서가 아니라 친구의 입장에서 말하겠다고 분명히 밝혔습니다. 그는 욥을 두렵게 만들기보다는 오히려 그를 돕고 싶어했습니다. 만일 우리가 난외주를 "보라 내가 너처럼 하나님께 향해 있다."고 번역하는 대신 "보라 내가 하나님 대신 네 소망을 따른다."고 번역할 수 있다면, 엘리후의 호소는 욥이 친구들과 논쟁하는 과정에서 발했던 외침에 근거를 두고 있었다고 할 수 있습니다. 전능자의 기운이 자기를 살렸으며 욥과 마찬가지로 자기도 흙으로 지음 받았

제33장

1 그런즉 욥이여 내 말을
들으며 나의 모든 말에 귀를
기울이기를 원하노라
2 내가 입을 여니 내 혀가
입에서 동하는구나
3 내 말이 내 마음의 정직함을
나타내고 내 입술이 아는바를
진실히 말하리라
4 하나님의 신이 나를
지으셨고 전능자의 기운이
나를 살리시느니라
5 네가 할 수 있거든 일어서서
내게 대답하고 내 앞에
진술하라
6 나와 네가 하나님 앞에서
일반이니 나도 흙으로
지으심을 입었은즉
7 내 위엄으로는 너를 두렵게
하지 못하고 내 권세로는 너를
누르지 못하느니라
8 네가 실로 나의 듣는데
말하였고 나는 네 말소리를
들었느니라 이르기를
9 나는 깨끗하여 죄가 없고
허물이 없으며 불의도 없거늘
10 하나님이 나를 칠 틈을
찾으시며 나를 대적으로
여기사
11 내 발을 착고에 채우시고
나의 모든 길을 감시하신다
하였느니라
12 내가 네게 대답하리라 이
말에 네가 의롭지 못하니 하나
님은 사람보다 크심이니라
13 하나님은 모든 행하시는
것을 스스로 진술치
아니하시나니 네가 하나님과
변쟁함은 어찜이뇨
14 사람은 무관히 여겨도
하나님은 한번 말씀하시고

다시 말씀하시되
15 사람이 침상에서 졸며
깊이 잠들 때에나 꿈에나
밤의 이상 중에
16 사람의 귀를 여시고
인치듯 교훈하시나니
17 이는 사람으로 그 꾀를
버리게 하려 하심이며
사람에게 교만을 막으려
하심이라
18 그는 사람의 혼으로 구덩
이에 빠지지 않게 하시며 그
생명으로 칼에 멸망치
않게 하시느니라
19 혹시는 사람이 병상의
고통과 뼈가 늘 쑤심의 징계를
받나니
20 그의 마음은 식물을
싫어하고 그의 혼은 별미를
싫어하며
21 그의 살은 파리하여
보이지 아니하고 보이지 않던
뼈가 드러나서
22 그의 혼이 구덩이에, 그의
생명이 멸하는 자에게
가까와지느니라

다고 믿고 있는 그는 자신이 원하는 바에 따라, 고난당해 낙심에 처해있는 사람에게 주의를 기울이는 것이 당연하다고 생각했습니다.

이러한 예비적인 말의 어조와 기질을 생각해보면, 엘리후는 논쟁에서 실패한 세 친구들과는 전혀 다른 관점에서 이 문제에 접근하고 있음을 알 수 있습니다. 세 친구들은 냉혹한 방식으로 논증을 전개했었습니다. 그들이 욥으로 하여금 죄를 고백하게 하려고 했던 모든 시도는 엄중한 철학에서 나온 것입니다. 엘리후는 그가 욥의 상황을 잘 알고 있음을 암시하는 말로 욥에게 접근하고 있습니다. 그가 그런 말을 사용할 수 있었던 것은 하나님의 영에 감동되었기 때문입니다. 그는 확신에 차서 매우 정중하게 무엇보다도 이 문제의 해결책은 하나님께 있다는 사실을 인정하면서 욥에게 말을 걸었습니다.

“

겸손은

참으로 위대한 모든 사람이 가진 자원이다

프랑수아 페넬롱

”

본문 분해

(2) 엘리후의 대답 33:8-35:16

가) 첫 번째 인용문과 대답 33:8-33

① 첫 번째 인용문 8-11절

② 대답 12-33절

(가) 일반적인 것 12, 13절

(나) 하나님의 방법 14-28절

그는 한 번 두 번 말씀하신다 14-18절

그는 인간을 징벌하신다 19-28절

(다) 요약과 호소 29-33절

중단 : 현자들에게 행한 호소 34:1-4절

나) 두 가지 인용문과 대답 34:5-35:16

① 두 가지 인용문 34:5-9

(가) 첫 번째 인용문 5,6절

(나) 두 번째 인용문 7-9절

② 첫 번째 인용문에 대한 대답 34:10-37

(가) 하나님은 악을 행하실 수 없다 10-20절

(나) 하나님의 심판은 완전한 지식에 근거한 것이다 21-28절

(다) 배우고 순종하는 것은 인간의 지혜이다 29-33절

(라) 욥은 이 일을 행치 않았다 34-37절

③ 두 번째 인용문에 대한 대답 35:1-16

(가) 욥의 불평에 대한 재언명 2, 3절

(나) 하나님은 인간의 영향을 받지 않으심 4-8절

(다) 하나님은 실언하는 자들의 말에 귀를 기울이지 않는다 9-15절

(라) 욥에 대한 비난 16절

본문 연구

(2) 엘리후의 대답 33:8-35:16

엘리후는 욥에게 형식을 갖춰 대답했습니다. 그는 욥의 입장을 나타내주는 자신의 말 중에서 몇 개의 문장을 인용하여 이러한 선언에 대해 대답했습니다. 이 단락은 세 부분으로 이루어져 있는데, 첫 번째 부분(33:8-33)에서 그는 한 가지 인용문을 제시하고 그것에 대한 대답을 합니다. 두 번째 부분 (34:1-4)에서 그는 현자들에게 자기의 말을 들어달라고 호소합니다. 세 번째 부분(34:5-35:16)에서 그는 두 가지 인용문을 제시하고 그것에 대해 대답을 합니다.

가) 첫 번째 인용문과 대답 33:8-33

① 첫 번째 인용문 8-11절

우리가 첫 번째 인용문이라고 묘사한 것은 사실 욥의 주장들을 요약하는 일련의 인용문들입니다. 욥은 자신의 무죄를 주장했습니다. 그리고 그는 하나님께서 자기를 대적하신다고 선언했습니다. 그의 말을 종합해 보면 하나님은 이유없이 자기를 미워하신다는 것입니다.

② 대답 12-33절

23 그럴 때에 만일 일천 천사
가운데 하나가 그 사람의
해석자로 함께 있어서
그 정당히 행할 것을 보일찐대
24 하나님이 그 사람을
긍휼히 여기사 이르시기를
그를 건져서 구덩이에 내려가
지 않게 하라 내가 대속물을
얻었다 하시리라
25 그런즉 그 살이 어린
아이보다 연하여져서
소년 때를 회복할 것이요
26 그는 하나님께 기도하므로
하나님이 은혜를 베푸사 그로
자기의 얼굴을 즐거이 보게
하시고 사람에게 그 의를
회복시키시느니라
27 그가 사람 앞에서
노래하여 이르기를 내가 전에
범죄하여 시비를 바꾸었으나
내게 무익하였었구나
28 하나님이 내 영혼을 건지
사 구덩이에 내려가지 않게
하셨으니 내 생명이 빛을
보겠구나 하리라
29 하나님이 사람에게
이 모든 일을 재삼 행하심은
30 그 영혼을 구덩이에서
끌어 돌이키고 생명의 빛으로
그에게 비취려 하심이니라
31 욥이여 귀를 기울여 내게
들으라 잠잠하라 내가
말하리라
32 만일 할 말이 있거든
대답하라 내가 너를 의롭게
하려 하노니 말하라
33 만일 없으면 내 말을
들으라 잠잠하라 내가 지혜로
너를 가르치리라

엘리후는 이 입장을 반박하고, 먼저 일반적인 관점에서 하나님은 인간보다 더 위대하신 분이므로 하나님께서 인간에게 어떻게 하시든, 인간은 그것에 대한 설명을 요구할 권리가 없다고 말했습니다.

그러나 이것이 전부는 아닙니다. 인간은 하나님께 대답을 요구할 권리가 없지만, 하나님은 인간에게 대답해 주십니다. 엘리후는 이렇게 말을 하는 까닭에 대해 언급하고 있습니다. 하나님은 잠자는 인간의 귀를 열어 꿈과 환상을 통해 감추인 진리를 가르쳐 주십니다. 그렇게 말할 수 있는 까닭은, 하나님께서는 사람을 파멸시키는 대신 그를 구해내고자 하시기 때문입니다.

하나님께서 인간을 다루실 때 사용하는 또 다른 방법은 처벌하는 것입니다. 엘리후는 이에 대해 욥이 겪은 체험을 포괄할 수 있을 정도로 자세히 묘사합니다. 그래서 욥은 하나님을 찾을 수 없고 하나님과 관계할 수 없다고 불평했지만, 엘리후는 그의 모든 시련이 하나님의 활동의 결과이며 하나님의 치료 방법이라고 말했습니다. 지금 그에게 필요한 것은 그가 당하는 고통의 의미를 설명해 줄 천사나 사자나 해석자였습니다. 그리고나서 그는 징벌의 목적을 설명했습니다. 그의 고통의 의미를 해석해 줄 사람이 나타난다면, 하나님의 징벌은 은혜이며 또다시 그 사람은 회복되어 기쁨을 누릴 것입니다. 회복에 관한 그의 묘사는 아름다움으로 가득 차 있으나, 회복된 사람의 노래에는 죄의 고백이 담겨있다는 사실을 주목해야 합니다.

엘리후는 자신을 그러한 해석자로 여기고 있음이 분명

제34장

1 엘리후가 말을 이어 가로되
2 지혜 있는 자들아 내 말을
들으며 지식 있는 자들아 내게
귀를 기울이라
3 입이 식물의 맛을 변별함
같이 귀가 말을 분별하나니
4 우리가 스스로 옳은 것은
택하고 무엇이 선한가
우리끼리 알아 보자

5 욥이 말하기를
내가 의로우나 하나님이
내 의를 제하셨고
6 내가 정직하나 거짓말장이
가 되었고 나는 허물이 없으나
내 상처가 낫지 못하게
되었노라 하니
7 어느 사람이 욥과 같으랴
욥이 훼방하기를 물마시듯
하며
8 악한 일을 하는 자들과
사귀며 악인과 함께 다니면서

합니다. 여기에서 그의 논증의 주된 내용이 나타납니다. 고난을 통해서 하나님은 인간을 보다 고귀하게 만드셨던 것입니다. 이 주장에 따르면 고난은 교육적인 의미를 지닙니다.

엘리후는 욥에게 자기의 말에 대해 할 말이 있으면 해보라고 요구하면서, 대답의 제1막을 끝마치고 있습니다. 할 말이 없으면 엘리후가 말하는 동안 잠자코 듣고 있어야 합니다.

중단 : 현자들에게 행한 호소 34:1-4

엘리후는 욥에게 대답할 기회를 주려고 잠시 말을 중단했었음이 분명합니다. 그러나 그가 입을 열지 않자, 말을 계속했습니다. 그는 먼저 현자들에게 호소하여 자기의 말을 듣고 판단해 달라고 당부했습니다.

(나) 두 가지 인용문과 대답 34:5-35:16

욥이 자신의 요청에 대해 대답을 하지 않자, 엘리후는 욥이 말한 내용에 대해 계속 대답했습니다. 이번에 그는 욥의 말에서 두 가지 사항을 인용했습니다.

① 두 가지 인용문 34:5-9

첫 번째 인용문(5, 6절)을 한마디로 요약하면, 잘못이 없는데도 하나님은 자신에게 고통을 주셨다는 욥의 주장입니다. 이 인용문에 뒤이어 외침이 나오는데, 그 내용은 욥이 이처럼 불평한다는 점에서 범죄자나 악인들과 한패

9 이르기를 사람이 하나님을
기뻐하나 무익하다 하는구나
10 그러므로 너희 총명한
자들아 내 말을 들으라
하나님은 단정코 악을 행치
아니하시며 전능자는 단정코
불의를 행치 아니하시고
11 사람의 일을 따라
보응하사 각각 그 행위대로
얻게 하시나니
12 진실로 하나님은 악을
행치 아니하시며 전능자는
공의를 굽히지 아니
하시느니라
13 누가 땅을 그에게
맡겼느냐 누가 온 세계를
정하였느냐
14 그가 만일 자기만
생각하시고 그 신과 기운을
거두실찐대
15 모든 혈기 있는 자가
일체로 망하고 사람도 진토로
돌아 가리라
16 만일 총명이 있거든
이것을 들으며 내 말소리에
귀를 기울이라
17 공의를 미워하는 자시면
어찌 치리하시겠느냐 의롭고
전능하신 자를 네가
정죄하겠느냐
18 그는 왕에게라도 비루하다
하시며 귀인들에게라도
악하다 하시며
19 왕족을 외모로 취치
아니하시며 부자를 가난한
자보다 더 생각하지
아니하시나니 이는 그들이
다 그의 손으로 지으신 바가
됨이니라
20 그들은 밤중 순식간에
죽나니 백성은 떨며 없어지고
세력 있는 자도 사람의 손을

라는 것입니다.

그 다음에 그는 두 번째 인용문(7-9절)을 제시하는데, 그것은 하나님께 충성해도 소득이 전혀 없다는 욥의 말이었습니다. 물론 이 두 가지 말들이 모두 직접적으로 인용된 것은 아닙니다. 오히려 이 인용문들은 욥의 주장이 타당성 있는 것처럼 보이는 결론들을 요약하고 있습니다.

② 첫 번째 인용문에 대한 대답 34:10-37

엘리후는 곧이어 이 두 가지 입장에 대해 대답하고 있습니다. 욥은 하나님께서 아무 죄가 없는 자기를 고통 가운데 처하게 하셨다고 말했습니다. 그러나 엘리후는 이에 대해 하나님은 결코 악을 행하실 수 없다고 주장했습니다. 그는 또다시 분별있는 사람들에게 자기의 말을 들어달라고 호소한 다음, 하나님의 권위가 모든 호소를 능가한다고 주장했습니다. 그의 판단은 옳습니다. 하나님은 비천한 동기의 영향을 결코 받지 않으십니다. 하나님은 인간의 신분상의 차이나 재산상의 차이를 결코 고려하지 않으십니다. 왜냐하면 인간은 모두 하나님의 피조물이기 때문입니다. 그러므로 하나님께서 악한 일을 하시리라고는 도무지 생각할 수 없습니다.

그는 계속해서 하나님의 통치가 완전한 지식에 기초하고 있다고 주장했습니다. 아무도 하나님을 피할 수는 없습니다. 그러므로 하나님에게 있어서 특별한 심리를 한다는 것은 불필요한 일입니다. 욥은 하나님 앞에 서서 자기의 처지를 간구할 권리가 있다고 주장했습니다. 그러나 엘리

대지 않고 제함을 당하느니라
21 하나님은 사람의 길을
주목하시며 사람의 모든
걸음을 감찰하시나니
22 악을 행한 자는 숨을만한
흑암이나 어두운 그늘이
없느니라
23 하나님은 사람을
심판하시기에 오래 생각하실
것이 없으시니
24 세력 있는 자를 조사할 것
없이 꺾으시고 다른 사람을
세워 그를 대신하게
하시느니라
25 이와 같이 그들의 행위를
아시고 그들을 밤 사이에
엎으신즉 멸망하나니
26 그들을 악한 자로 여겨
사람의 목전에서 치심은
27 그들이 그를 떠나고 그의
모든 길을 무관히 여김이라
28 그들이 이와 같이 하여
가난한 자의 부르짖음이
그에게 상달케 하며 환난 받는
자의 부르짖음이 그에게
들리게 하느니라
29 주께서 사람에게 평강을
주실 때에 누가 감히 잘못하신
다 하겠느냐 주께서 자기
얼굴을 가리우실 때에 누가
감히 뵈올수 있으랴 나라에게
나 사람에게나 일반이시니
30 이는 사특한 자로 권세를
잡아 백성을 함해하지 못하게
하려 하심이니라
31 누가 하나님께 아뢰기를
내가 징계를 받았사오니
다시는 범죄치
아니하겠나이다
32 나의 깨닫지 못하는 것을
내게 가르치소서 내가 악을
행하였으면 다시는

후는 그런 일은 필요 없다고 선언합니다. 왜냐하면, 하나님께서 그것을 완전히 알고 계시기 때문입니다. 하나님의 모든 판단은 하나님의 이해력에서 나온 것입니다.

그러므로 하나님의 뜻에 복종하고 그 뜻을 배우는 것이 곧 인간의 지혜인 것입니다. 하나님께서 민족을 다루시든 개인을 다루시든간에 그의 방법엔 저항할 수 없으며 또 옳기도 합니다.

그러나 욥은 그렇게 생각하지 않았습니다. 그가 앞에서 한 말에 비추어 보면, 그는 하나님의 행동을 부당하다고 여겼던 것 같습니다. 그래서 그는 하나님의 뜻을 거역하는 죄를 범했습니다.

첫 번째 인용문에 대한 그의 대답을 살펴보면, 엘리후는 모든 사람들, 즉 욥과 그의 친구들에게 말을 하고 있었음이 분명합니다. 비록 그가 때때로 욥에게 직접적으로 말을 하곤 했지만, 일반적으로는 그들 전부를 대상으로 하여 말을 했던 것 같습니다.

③ 두 번째 인용문에 대한 대답 35:1-16

두 번째 인용문에 대해 대답하기 전에 엘리후는 다시 한 번 욥의 말을 인용한 다음, 자기가 이해한 바에 따라 그 말의 실제적인 의미를 해석합니다. 그에 따르면 욥은 "유익이 무엇인고 범죄한 것보다 내게 이익이 무엇인고" 하고 말했다고 합니다. 엘리후는 욥이 자기 자신에게 하나님을 섬기는 유익이 무엇이냐고 물음으로써, 자기의 의를 하나님의 의보다 더 높은 곳에 두고 있다고 주장합니다.

아니하겠나이다 한 자가
있느냐
33 하나님이 네 뜻대로
갚으셔야 하겠다고 네가
그것을 싫어하느냐 그러면
네가 스스로 택할 것이요
내가 할 것이 아니니 너는
아는대로 말하라
34 총명한 자와 내 말을 듣는
모든 지혜 있는 자가 필연
내게 이르기를
35 욥이 무식하게 말하니
그 말이 지혜 없다 하리라
36 욥이 끝까지 시험 받기를
내가 원하노니 이는 그 대답이
악인과 같음이라
37 그가 그 죄 위에 패역을
더하며 우리 중에서 손뼉을
치며 하나님을 거역하는
말을 많이 하는구나

제35장

1 엘리후가 말을 이어 가로되
2 네가 이것을 합리하게 여기
느냐 네 생각에 네가
하나님보다 의롭다 하여
3 이르기를 유익이 무엇인고
범죄한 것보다 내게 이익이
무엇인고 하는구나
4 내가 너와 및 너와 함께 있
는 네 동무들에게 대답하리라
5 너는 하늘을 우러러 보라 네
위의 높은 궁창을 바라보라
6 네가 범죄한들 하나님께
무슨 영향이 있겠으며
네 죄악이 관영한들 하나님께
무슨 관계가 있겠으며
7 네가 의로운들 하나님께
무엇을 드리겠으며 그가 네
손에서 무엇을 받으시겠느냐

8 네 악은 너와 같은 사람이나
해할 따름이요 네 의는 인생이
나 유익하게 할 뿐이니라
9 사람은 학대가 많으므로
부르짖으며 세력 있는 자의
팔에 눌리므로 도움을
부르짖으나
10-11 나를 지으신 하나님 곧
사람으로 밤중에 노래하게
하시며 우리를 교육하시기를
땅의 짐승에게 하심보다
더하게 하시며 우리에게
지혜 주시기를 공중의 새에게
주심보다 더하시는 이가
어디 계신가 말하는 자가
한 사람도 없구나
12 그들이 악인의 교만을
인하여 거기서 부르짖으나
응락하는 자가 없음은
13 헛된 부르짖음은 하나님이
결코 듣지 아니하시며 전능자
가 돌아보지 아니 하심이라
14 하물며 말하기를 하나님은
뵈올 수 없고 일의 시비는
그 앞에 있으니 나는 그를
기다릴 뿐이라 하는 너랴
15 하나님이 진노하심으로
벌을 주지 아니하셨고 횡포를
심히 살피지 아니하셨으므로
16 이제 너 욥이 헛되이 입을
열어 지식 없는 말을 많이
하는구나

그는 자신의 관점에서 하나님의 주권의 진리를 선언하고 있습니다. 그는 일련의 질문들의 형태로 하나님께서 인간의 죄나 인간의 의에 영향을 받지 않으신다는 확신을 표명했습니다. 인간의 죄는 하나님과 아무런 상관이 없습니다. 또한 인간이 의롭다고 해서 하나님께서 그에게 유익을 가져다 주시는 것도 아닙니다.

이러한 견해는 앞의 논쟁에서도 전개되었습니다. 의심할 여지없이 그 속에는 진리의 요소가 담겨있습니다. 그러나 그것만으로는 완전하지 못합니다. 무한한 의의 관점과 조건에 따르면, 하나님은 인간과 무관합니다. 그러나 인간들이 이해하지 못하는 하나님의 사랑의 본질에 따르면, 하나님은 인간과 무관하실 수가 없습니다.

그러나 엘리후는 사람들이 하나님을 발견하지 못하는 이유가 그들의 기도의 동기가 불순하기 때문이라고 말합니다. 욥의 기도는 자만의 결과였습니다. 그의 간구는 하나님을 구하는 것이 아니라 오히려 자신의 도움을 위한 것이었습니다. 그는 하나님께서 헛된 말을 듣지 않으시며 교만을 무시하신다고 주장했습니다. 끝으로 엘리후는 하나님을 찾는 동기가 잘못되었다고 욥을 비난했습니다.

“

하나님이 요구하시는 것은

하나님을 위해 결단하는 것이 아니라 순복하는 것이다

오스왈드 챔버스

”

본문분해

(3) 엘리후의 철학 36:1-37:24

가) 고난의 장소 36:1-25

① 욥에게 행한 호소 2-4절

② 고난의 목적 5-15절

(가) 하나님의 의로운 통치 5-7절

(나) 고난의 가치 8-14절

(다) 요약된 철학 15절

③ 욥에 대한 적용 16-21절

④ 하나님의 목적에 대한 재단언과 호소 22-25절

나) 하나님의 위대성 36:26-37

① 위대함의 표시 36:26-37:13

(가) 비 36:26-28

(나) 천둥 36:29-37:5

(다) 겨울 6-10절

(라) 폭풍의 준비와 목적 11-13절

② 욥에 대한 적용 37:14-20

(가) 생각하라 14절

(나) 알지 못하는 것을 알라 15-17절

(다) 행할 수 없음을 알라 18절

(라) 말의 어리석음을 알라 19, 20절

③ 하나님의 위엄과 공의에 대한 재단언 37:21-24절

(가) 위엄 21-23a절

(나) 공의 23b, 24절

본문 연구

(3) 엘리후의 철학 36:1-37:24

엘리후의 연설 마지막 단락에는 그의 철학이 들어있으며, 이 단락은 두 부분으로 이루어져 있습니다. 첫 번째 부분(36:1-25)에서 그는 고난의 장소를 다루고 두 번째 부분(36:26-37:24)에서는 하나님의 위대하심을 다룹니다. 그의 철학은 첫 번째 부분에서 드러나며 두 번째 부분에서 옹호되었습니다.

가) 고난의 장소 36:1-25

고난의 장소에 관한 그의 진술은 욥에 대한 호소(2-4절)로 시작되며, 그 뒤엔 고난의 목적(5-15절)이 나옵니다. 그리고나서 욥에 대한 직접적인 적용(16-21절)이 나온 다음, 하나님의 목적에 대한 재천명(22-25절)으로 첫 번째 부분이 끝납니다.

① 욥에게 행한 호소 36:2-4

엘리후는 다음의 세 가지 이유에서 욥에게 참으라고 호소했는데, 첫째로는 그가 하나님을 대신해서 할 말이 있었기 때문이고, 둘째로는 그가 매우 포괄적인 견해를 취하려고 하고 있었기 때문이며, 세째로는 그가 하는 말이 진리

제36장

1 엘리후가 말을 이어 가로되
2 나를 잠간 용납하라 내가
네게 보이리니 이는 내가
하나님을 위하여 오히려
할 말이 있음이라
3 내가 먼데서 지식을 취하고
나를 지으신 자에게 의를
돌려 보내리라
4 진실로 내 말이 거짓이
아니라 지식이 구비한 자가
너와 함께 있느니라

가 담긴 말일 것이기 때문입니다.

그는 확실한 근거를 가지고 이 주제를 다루는 것입니다. 그는 먼저 하나님의 의로운 통치에 대해 주장했습니다. 그는 하나님께서 어떤 것을 경멸하신다는 사실을 부인했습니다. 하나님의 이해력은 뛰어납니다. 하나님은 "악인을 살려두지" 않으시며 "고난받는 자를 위하여 신원"하십니다.

② 고난의 목적 36:5-15

그리고나서 그는 논증의 핵심에 도달하여 고난의 가치에 대한 자기의 생각을 선언했습니다. 의인이 고난당한다는 사실을 인정한 그는 하나님께서 그렇게 하시는 목적이 그들로 하여금 자신을 돌아보게 하고 그들의 눈을 뜨게 하며, 그들에게 죄로부터 돌아서라고 명하는 데 있다고 선언했습니다. 이런 사실에 비춰볼 때 인간의 책임은 분명합니다. 하나님의 말씀을 경청하고 순종하는 사람은 다시 즐거움과 행복을 찾게 된다는 것입니다. 하나님의 말씀을 경청하지 않으면 죽게 되고 도와달라고 외쳐봐야 아무도 도와주지 않고 화를 낼 뿐입니다. 따라서 고난의 결과는 그것에 대한 인간의 태도에 따라 결정됩니다. 그 다음에 그는 한 문장으로 자신의 철학을 요약합니다.

> "하나님은 곤고한 자를 그 곤고할 즈음에 구원하시며
> 학대당할 즈음에 그 귀를 여시나니."

5 하나님은 전능하시나
아무도 멸시치 아니하시며
그 지능이 무궁하사
6 악인을 살려 두지 않으시며
고난 받는 자를 위하여
신원하시며
7 그 눈을 의인에게서
돌이키지 아니하시고 그를
왕과 함께 영원히 위에 앉히사
존귀하게 하시며
8 혹시 그들이 누설에
매이거나 환난의 줄에
얽혔으면
9 그들의 소행과 허물을
보이사 그 교만한 행위를
알게 하시고
10 그들의 귀를 열어 교훈을
듣게 하시며 명하여 죄악에서
돌아오게 하시나니
11 만일 그들이 청종하여
섬기면 형통히 날을 보내며
즐거이 해를 지낼 것이요
12 만일 그들이 청종치
아니하면 칼에 망하며
지식 없이 죽을 것이니라
13 마음이 사곡한 자들은
분노를 쌓으며 하나님께
속박을 받을찌라도 도우심을
구하지 아니하나니

따라서 엘리후는 고난의 방식을 통해서만 하나님께서 인간을 가르칠 수 있는 경우도 있다고 생각했습니다. 이것이 모든 것을 망라하는지는 알 수 없습니다. 그러나 이 견해가 앞의 화자들이 제시한 견해보다 진리에 훨씬 더 가까웠다는 것엔 의심의 여지가 없습니다.

14 그들은 젊어서 죽으며
그 생명이 남창과 함께
망하려니와
15 하나님은 곤고한 자를
그 곤고할 즈음에 구원하시며
학대 당할 즈음에 그 귀를
여시나니

③ 욥에 대한 적용 36:16-21

그는 하나님께서 욥을 고통스럽게 하신 목적이 그를 고통에서 건져내어 풍성한 번영의 지역으로 인도하는 데 있다고 선언했습니다. 그러나 욥은 그런 사실을 깨닫지 못했던 것입니다. 엘리후는 그가 악인들이 처하는 상황에 빠져 있음을 인정했습니다. 그는 욥에게 자만심 때문에 길에서 벗어나는 일이 없도록 하라고 경고했습니다.

16 그러므로 하나님이 너를
곤고함에서 이끌어 내사 좁지
않고 넓은 곳으로 옮기려
하셨은즉 무릇 네 상에 차린
것은 살진 것이 되었으리라
17 이 제는 악인의 받을 벌이
네게 가득하였고 심판과
공의가 너를 잡았나니
18 너는 분격함을 인하여
징책을 대적하지 말라
대속함을 얻을 일이 큰즉
스스로 그릇되게 말찌니라
19 너의 부르짖음이나 너의
세력이 어찌 능히 너의 곤고한
가운데서 너로 유익하게
하겠느냐
20 너는 밤 곧 인생이 자기 곳
에서 제함을 받는 때를 사모하
지 말것이니라
21 삼가 악으로 치우치지
말라 네가 환난보다 이것을
택하였느니라

④ 하나님의 목적에 대한 재단언과 호소 36:22-25

하나님의 목적을 재천명한 후, 엘리후는 욥에게 기꺼이 배우도록 마지막 호소를 하고 있습니다.

이와 같이 엘리후는 사실상 욥의 죄를 비난하였던 것입니다. 죄가 고난의 원인이었던 것이 아니라 고난의 결과로 죄를 범했다는 것입니다. 그의 죄는 고난을 당해서 불안해 했다는 것입니다. 하나님은 그에게 교훈을 주시려고 했지만, 그는 자만심과 고난에 대한 불안 때문에 그것을 배울 수가 없었습니다.

22 하나님은 그 권능으로
큰 일을 행하시나니 누가
그같이 교훈을 베풀겠느냐
23 누가 그를 위하여 그의
길을 정하였느냐 누가
말하기를 주께서 불의를
행하셨나이다 할 수 있으랴
24 너는 하나님의 하신 일
찬송하기를 잊지 말찌니라

나) 하나님의 위대성 36:26-37:24

인생이 그 일을
노래하였느니라
25 그 일을 모든 사람이 우
러러 보나니 먼데서도
보느니라

26 하나님은 크시니 우리가
그를 알 수 없고 그 년수를
계산할 수 없느니라
27 그가 물을 가늘게 이끌어
올리신즉 그것이 안개 되어
비를 이루고
28 그것이 공중에서 내려
사람 위에 쏟아지느니라
29 구름의 펴임과 그의 장막
의 울리는 소리를 누가 능히
깨달으랴
30 그가 번개 빛으로 자기의
사면에 두르시며 바다 밑도
가리우시며
31 이런 것들로 만민을
징벌하시며 이런 것들로
식물을 풍비히 주시느니라
32 그는 번개 빛으로 그
두 손을 싸시고 그것을 명하사
푯대를 맞추게 하시나니
33 그 울리는 소리가 풍우를
표시하고 육축에게까지 그
올라 오는 것을 표시하느니라

제37장

1 이로 인하여 내 마음이 떨며
자기 처소에서 떠나느니라
2 하나님의 음성 곧 그 입에서
나오는 소리를 들으라 들으라
3 그 소리를 천하에 펴치시며
번개 빛으로 땅끝까지 이르게
하시고
4 그 후에 음성을 발하시며
위엄의 울리는 음성을 내시고
는 그 음성이 들릴 때에 번개

그리고나서 엘리후는 하나님의 위대성에 대해 언급함으로써 자기의 주장을 강조했습니다. 먼저 그는 이 위대함의 표시들을 예로 든 다음, 그것을 욥의 경우에 직접 적용시켰습니다. 그리고나서 마침내 하나님의 위엄과 공의에 대한 확신을 재천명했습니다.

① 위대함의 표시 36:26-37:13

엘리후의 연설의 마지막에 해당하는 이 부분에는 사실상 그 순간에 그를 둘러싸고 일어난 일에 대한 묘사가 나온다고 주장되어 왔습니다. 하나님은 지금 회오리바람 한 가운데에서 말씀하고 계십니다. 이 개념은 엘리후가 바라보고 있었으며 묘사한 것이, 강력하게 접근해오는 강한 폭풍이었다는 것입니다.

그가 처음에 예로 든 것은 비였습니다. 그것은 물이 구름을 형성하여 하늘에 퍼져 있다가, 땅 위에 비를 쏟아붓는 것에 관한 놀라운 묘사입니다. 이 비에는 천둥이 수반되었습니다. 갑자기 먹구름이 끼더니 번개가 쳤습니다. 번개가 푯대를 맞추고 소가 그 폭풍을 의식한 것으로 간주되었습니다. 점차로 그 폭풍이 격렬해집니다. 천둥소리는 더 커지고 번개도 더욱 번쩍거립니다. 자연이 이상할 정도로 사납게 요동을 칩니다. 남풍과 북풍이 갈등을 일으키고 우박이 내립니다. 폭풍의 목적은 사람들의 잘못을 고치거나 땅에 자비를 베푸는 데 있는 것 같습니다.

이 예화들은 모두 긴장과 폭풍에 관한 것들입니다. 그리고 비록 그것들이 주변에서 일어나고 있는 것들을 묘사한

다 하더라도, 의심할 여지없이 욥이 겪은 상황을 묘사하기 위해 그 예화들을 사용한 것입니다. 엘리후는 하나님의 자연적인 방법으로 그의 영적인 방법을 예증하고 싶어했습니다.

② 욥에 대한 적용 37:14-20

그 다음에 엘리후는 매우 노골적으로 욥에게 숙고하라고 요구했습니다. 그는 욥에게 번개가 치는 방식, 구름이 생기는 이유, 남풍이 따뜻한 까닭을 알지 못한다는 것을 인정하라고 호소했습니다. 더 나아가서 그는 욥에게 행할 능력이 없음을 알라고 호소했습니다. 하나님께서 폭풍 가운데에서 행하시는 것을 보고서 어찌 행동을 할 수 있었겠습니까? 게다가 그는 욥에게 그 자신의 말이 어리석다는 것을 깨달으라고 호소했습니다. 그가 알지 못하는 방법을 사용하시고, 그가 모방할 수 없는 행동을 하시는 하나님께 인간이 무슨 말을 할 수 있습니까?

③ 하나님의 위엄과 공의에 대한 재단언 37:21-24

이와 같이 엘리후는 욥에게 듣고 생각하라고 호소했습니다. 하나님에게는 폭풍 한가운데에서도 인간들이 볼 수 없는 빛과 그의 위엄인 금빛 찬란함이 있었습니다. 그러나 인간이 전능하신 분을 찾아낼 수는 없었습니다. 능력 한가운데에서도 하나님은 인간의 모든 해석을 능가하신 분입니다.

마지막으로 엘리후는 폭풍을 이용하여 욥에게 하나님을

빛을 금치 아니하시느니라
5 하나님이 기이하게 음성을
울리시며 우리의 헤아릴 수
없는 큰 일을 행하시느니라
6 눈을 명하여 땅에 내리라
하시며 적은 비와 큰 비도
그 같이 내리게 하시느니라
7 그가 각 사람의 손을
봉하시나니 이는 그 지으신
모든 사람으로 그것을 알게
하려 하심이니라
8 짐승들은 숨는 곳으로 들어
가서 그 굴에 머물며
9 남방 밀실에서는 광풍이
이르고 북방에서는 찬 기운이
이르며
10 하나님의 부시는 기운에
얼음이 얼고 물의 넓이가
줄어지느니라
11 그가 습기로 빽빽한 구름
위에 실으시고 번개 빛의
구름을 널리 펴신즉
12 구름이 인도하시는대로
두루 행하나니 이는 무릇 그의
명하시는 것을 세계상에
이루려 함이라
13 혹 징벌을 위하며 혹
토지를 위하며 혹 긍휼
베푸심을 위하여 구름으로
오게 하시느니라
14 욥이여 이것을 듣고
가만히 서서 하나님의
기묘하신 일을 궁구하라
15 하나님이 어떻게 이런
것들에게 명령하셔서
그 구름의 번개 빛으로
번쩍 번쩍하게 하시는지
네가 아느냐
16 구름의 평평하게 뜬 것과
지혜가 온전하신 자의 기묘한
일을 네가 아느냐
17 남풍으로하여 땅이 고요할

때에 네 의복이 따뜻한 까닭을
네가 아느냐
18 네가 능히 그와 함께 하여
부은 거울 같은 견고한 궁창을
펼 수 있느냐
19 우리가 그에게 할 말을
너는 우리에게 가르치라
우리는 어두워서 진술하지
못하겠노라
20 내가 말하고 싶은 것을
어찌 그에게 고할 수 있으랴
어찌 삼키우기를 바랄 자가
있으랴
21 사람이 어떤 때는 궁창의
광명을 볼 수 없어도 바람이
지나가면 맑아지느니라
22 북방에서는 금 빛이
나오나니 하나님께는 두려운
위엄이 있느니라
23 전능자를 우리가 측량할
수 없나니 그는 권능이 지극히
크사 심판이나 무한한 공의를
굽히지 아니 하심이니라
24 그러므로 사람들은 그를
경외하고 그는 마음에
지혜롭다 하는 자를 돌아보지
아니하시느니라

알지 못한다는 사실과 따라서 그가 하나님에 대해서 하는 불평은 어리석은 것임을 알려 주려고 시도했습니다. 이것은 위대한 주제였습니다. 그런데 그의 말은 하나님의 목소리에 의해 중단되었습니다.

"

우리의 도움은 하나님의 이름 속에 있고,
우리의 두려움은 인간의 이름 속에 있다
– 윌리엄 그린힐 –

"

본문분해

3. 여호와와 욥 사이의 논쟁 38:1-42:6

1) 여호와 : 첫 번째 계시 38:1-39:30

(1) 하나님의 도전 38:1-3

(2) 하나님과 물직적인 우주 : 무생물 4-38절

가) 땅 4-18절

① 땅 4-7절

② 바다 8-11절

③ 새벽 12-15절

④ 깊음 16-18절

나) 하늘 19-38절

① 첫 번째 하늘 : 대기 19-30절

(가) 빛과 어둠 19-21절

(나) 눈과 우박 22,23절

(다) 폭풍 24-27절

(라) 비, 이슬, 얼음, 안개 28-30절

② 두 번째 하늘 : 은하계 31,32절

③ 하늘의 통치 33-38절

(3) 하나님과 물질적인 우주 : 피조된 동물 38:39-39:30

가) 사자 38:39, 40

나) 까마귀 41절

다) 산염소와 암사슴 39:1-4

라) 들나귀 5-8절

마) 들소 9-12절

바) 타조 13-18절

사) 말 19-25절

아) 매와 독수리 26-30절

2) 막간 40:1-5

(1) 여호와의 도전 1,2절

(2) 욥의 대답 3-5절

본문
연구

3. 여호와와 욥 사이의 논쟁 38:1-42:6

이 드라마의 세 번째 항목은 여호와와 욥 사이의 논쟁에 관한 이야기로 이루어져 있습니다. 회오리바람 한가운데에서 욥이 오랫동안 기다려온 하나님의 음성이 들렸습니다. 이 항목의 거의 전체가 여호와의 실제적인 말로 이루어져 있습니다. 욥의 대답을 기록하고 있는 것은 두 개의 짤막한 단락뿐입니다. 이 항목은 네 부분으로 이루어져 있습니다. 첫 번째 부분(38:1-39:30)에서 여호와는 영광을 드러내시면서 말씀하셨습니다. 두 번째 부분(40:1-5)에는 여호와께서 영광을 드러내는 과정의 짧은 막간 이야기가 나옵니다. 세 번째(40:6-41:34)에는 여호와의 계시적인 말이 계속됩니다. 그에 반해 마지막 부분(42:1-6)에는 욥의 최종적인 대답이 나옵니다.

1) 여호와 : 첫 번째 계시 38:1-39:30

이곳에서 처음으로 등장한 하나님은 맨 처음에 도전을 하고 (38:1-3), 하나님과 물질적인 우주의 무생물적인 관계에 대해 선언한 다음(38:4-38), 세 번째로 하나님과 피조된 동물의 관계에 대해 선언합니다(38:39-39:30).

제38장

1 때에 여호와께서 폭풍
가운데로서 욥에게 말씀하여
가라사대
2 무지한 말로 이치를 어둡게
하는 자가 누구냐
3 너는 대장부처럼 허리를
묶고 내가 네게 묻는 것을
대답할찌니라
4 내가 땅의 기초를 놓을 때에
네가 어디 있었느냐 네가
깨달아 알았거든 말할찌니라
5 누가 그 도량을 정하였었는
지, 누가 그 준승을 그 위에
띄웠었는지 네가 아느냐
6 그 주초는 무엇 위에
세웠으며 그 모퉁이 돌은
누가 놓았었느냐
7 그 때에 새벽 별들이 함께
노래하며 하나님의 아들들이
다 기쁘게 소리하였었느니라
8 바닷물이 태에서 나옴 같이
넘쳐 흐를 때에 문으로 그것을
막은 자가 누구냐
9 그 때에 내가 구름으로
그 의복을 만들고 흑암으로
그 강보를 만들고
10 계한을 정하여 문과
빗장을 베풀고
11 이르기를 네가 여기까지
오고 넘어가지 못하리니
네 교만한 물결이 여기
그칠찌니라 하였었노라
12 네가 나던 날부터 아침을
명하였었느냐 새벽으로
그 처소를 알게 하여
13 그것으로 땅끝에 비취게
하고 악인을 그 가운데서
구축한 일이 있었느냐
14 땅이 변화하여 진흙에
인친것 같고 만물이 옷 같이

나타나되
15 악인에게는 그 빛이
금한바 되고 그들의 높이 든
팔이 꺾이느니라
16 네가 바다 근원에
들어갔었느냐 깊은 물밑으로
걸어 다녔었느냐
17 사망의 문이 네게
나타났었느냐 사망의 그늘진
문을 네가 보았었느냐
18 땅의 넓이를 네가
측량하였었느냐 다 알거든
말할찌니라
19 광명의 처소는 어느 길로
가며 흑암의 처소는 어디냐
20 네가 능히 그 지경으로
인도할 수 있느냐 그 집의
길을 아느냐
21 네가 아마 알리라 네가
그 때에 났었나니 너의 년수가
많음이니라
22 네가 눈 곳간에
들어갔었느냐 우박 창고를
보았느냐
23 내가 환난 때와 전쟁과
격투의 날을 위하여 이것을
저축하였노라
24 광명이 어느 길로
말미암아 뻗치며 동풍이
어느 길로 말미암아 땅에
흩어지느냐
25 누가 폭우를 위하여 길을
내었으며 우뢰의 번개 길을
내었으며
26 사람 없는 땅에, 사람 없는
광야에 비를 내리고
27 황무하고 공허한 토지를
축축하게 하고 연한 풀이 나게
하였느냐
28 비가 아비가 있느냐
이슬 방울은 누가 낳았느냐

(1) 하나님의 도전 38:1-3

회오리바람에서 말하는 하나님의 음성의 첫 번째 말은 도전적인 것이었습니다.

"무지한 말로 이치를 어둡게 하는 자가 누구냐."

이 말씀은 다양하게 해석되어 왔습니다. 욥에게 하신 말씀이라고 주장하는 사람도 있고 엘리후에게 하신 말씀이라고 주장하는 사람도 있습니다. 하나님의 말씀이 주로 욥을 상대로 한 것이기는 하지만, 이 질문은 엘리후의 말에 대해 제기된 것 같습니다. 하나님은 이러한 질문으로, 거짓된 해석을 한다고 엘리후를 책망하신 것이 아니라, 완전히 이해하지 못하는 말로 애매하게 충고한다고 비난하셨던 것입니다. 그의 말의 결론 부분을 생각해보면, 그가 다루는 주제가 그에게는 너무 힘겨운 것이어서 하나님께서 그 주제를 다루시고 계심을 알 수 있습니다. 여호와의 이 놀라운 말씀 어디에서도 고난의 신비를 욥에게 설명해주는 대목이 나오지 않는다는 사실은 깊이 생각해 보아야 하겠습니다. 하나님은 자신의 종을 돌아보시기 전에, 먼저 자신의 영광을 드러내셨습니다.

(2) 하나님과 물질적인 우주 : 무생물 38:4-38

물질적인 세계는 욥이 의식하기 전부터 하나님과 관계를

맺어왔습니다. 맨 처음 밝혀진 것은, 숭고하고 인간의 이해를 뛰어넘는 것으로 간주된 우주에 관한 가장 간단한 사실입니다. 이 항목은 두 부분으로 이루어져 있는데, 첫 번째 부분은 땅을 다루며(4-18절), 두 번째 부분은 하늘을 폭넓게 개관하고 있습니다. (19-38절).

가) 땅 38:4-18

일련의 질문들에는 창조 때의 하나님의 사역이 암시되어 있습니다. 땅의 기초를 놓으시고 그 기초를 정하시고, 또 그 위에 줄을 놓으신 분이 누구신가? 여호와께서는 이 기초들이 어디에 고정되어 있는지에 대해 물으셨습니다. 그 다음에 다시 바다로 돌아가서 그것을 지배할 수 있는 자신의 권위에 대해 말씀하셨습니다. 하나님은 구름으로 그것을 덮으시고 그 경계를 정하셨으며, 그것을 경계 안에 두셨던 것입니다. 그 다음에 하나님은 새벽에 대해 묘사하셨습니다. 그리고 끝으로, 바다의 샘이요 사망의 그림자와도 같은 땅의 알려지지 않은 깊은 처소에 대해 언급하셨습니다.

나) 하늘 38:19-38

다음의 고찰 내용은 하늘에 관한 것이었습니다. 여기에서 또다시 두 개의 하늘이 고찰되었습니다. 첫 번째 하늘은 대기이며, 두 번째 하늘은 은하계입니다.

첫 번째 하늘과 관련해서, 우리가 볼 수는 있지만 설명할 수는 없는 현상들이 예증되었습니다. 빛과 어둠의 길,

29 얼음은 뉘 태에서 났느냐
공중의 서리는 누가 낳았느냐
30 물이 돌 같이 굳어지고
해면이 어느니라
31 네가 묘성을 매어 떨기
되게 하겠느냐 삼성의 띠를
풀겠느냐
32 네가 열두 궁성을 때를
따라 이끌어 내겠느냐
북두성과 그 속한 별들을
인도하겠느냐
33 네가 하늘의 법도를
아느냐 하늘로 그 권능을 땅에
베풀게 하겠느냐
34 네 소리를 구름에 올려 큰
물로 네게 덮이게 하겠느냐
35 네가 번개를 보내어 가게
하되 그것으로 네게 우리가
여기 있나이다 하게 하겠느냐
36 가슴 속의 지혜는 누가
준 것이냐 마음 속의 총명은
누가 준 것이냐
37 누가 지혜로 구름을 계수
하겠느냐 누가 하늘의 병을
쏟아
38 티끌로 진흙을 이루며
흙덩이로 서로 붙게 하겠느냐

39 네가 암사자를 위하여
식물을 사냥하겠느냐 젊은
사자의 식량을 채우겠느냐
40 그것들이 굴에 엎드리며
삼림에 누워서 기다리는
때에니라
41 까마귀 새끼가 하나님을
향하여 부르짖으며 먹을 것이
없어서 오락가락할 때에
그것을 위하여 먹을 것을
예비하는 자가 누구냐

제39장

1 산 염소가 새끼 치는 때를
네가 아느냐 암사슴의 새끼
낳을 기한을 네가
알 수 있느냐
2 그것이 몇 달만에 만삭되는
지 아느냐 그 낳을 때를
아느냐
3 그것들은 몸을 구푸리고
새끼를 낳아 그 괴로움을
지내어 버리며
4 그 새끼는 강하여져서
빈들에서 길리우다가 나가고
는 다시 돌아 오지
아니하느니라
5 누가 들 나귀를 놓아
자유하게 하였느냐 누가 빠른
나귀의 매인 것을 풀었느냐
6 내가 들로 그 집을,
짠 땅으로 그 사는 처소를
삼았느니라
7 들 나귀는 성읍의 지꺼리는
것을 업신여기니 어거하는
자의 지르는 소리가 그것에게
들리지 아니하며
8 초장이 된 산으로 두루
다니며 여러 가지 푸른 것을
찾느니라
9 들 소가 어찌 즐겨 네게
복종하며 네 외양간에
머물겠느냐
10 네가 능히 줄로 들 소를
매어 이랑을 갈게 하겠느냐
그것이 어찌 골짜기에서
너를 따라 쓰레를 끌겠느냐
11 그것의 힘이 많다고 네가
그것을 의지하겠느냐 네
수고하는 일을 그것에게
맡기겠느냐
12 그것이 네 곡식을 집으로
실어 오며 네 타작 마당에

눈과 우박의 신비, 폭풍의 위엄과 신속함, 비와 이슬과 얼음과 안개의 근원과 형성 방법이 그것입니다.

이와 마찬가지로 은하계의 별들이 예로 채택되었습니다. 묘성의 사슬, 삼성의 띠, 열두 궁성의 표징, 북두성의 인도가 그것입니다.

이 모든 것들은 영광으로 번쩍이는 짤막한 질문들로 제시되었습니다. 욥은 하나님의 이 질문들을 들으면서 자신의 무지와 무력함을 느끼게 되었습니다. 이런 방식으로 하나님은 자신의 지식과 관심을 드러내셨던 것입니다.

이 항목은 하나님께서 하늘과 땅을 다스리신 결과를 제시하는 것으로 끝납니다. 하나님은 하늘의 질서를 만드시고 그것들이 땅에 영향을 미치도록 하셨으며, 비를 가져오시고 번개도 치게 하셨습니다. 인간이 혹시라도 이 중에서 어떤 일이든지 할 수 있다면 누가 인간에게 지혜를 주고 통찰력을 주셨던 것일까요? 하나님은 자기 종에게 자신의 권능과 관심을 보여주고, 비교법을 사용해서 인간의 무력함과 무지를 폭로하고 있음이 분명합니다.

(3) 하나님과 물질적인 우주 : 피조된 동물 38:39-39:30

하나님은 자신의 영광을 계속 드러내는 과정에서 이제 그것을 생물계에 적용시키고 있습니다. 먼저 하나님은 일련의 간단한 질문들을 제기함으로써 인간의 무력함과 하나님의 전능하심을 설명합니다. 사자들과 새끼 사자들을 먹이시고, 까마귀 새끼의 울음소리를 기도로 들으시고 그것에 응답하시어 먹이를 제공해 주시는 분이 누구이며, 산염소가 언제 새끼치고 암염소가 언제 새끼를 낳는지, 누가 들나귀를 자유하게 하고 광야에서 뛰놀게 하였는지, 들소에게 누가 통제할 수 없는 힘을 주셨는지에 대해 물으심으로써 욥에게 자신의 지식과 권능을 계시해 주시고, 상대적으로 무지하고 무력한 인간의 모습을 자각하게 하셨습니다.

하나님은 계속해서 새나 짐승들을 예로 들어, 어리석음과 권능과 지혜를 다루고 계십니다. 타조는 날개의 힘을 즐거워하나, 알과 새끼를 버려두는 어리석음을 범하는 것으로 묘사되었습니다. 타조가 어리석은 것은 하나님의 행동의 결과입니다. 하나님은 타조에게서 지혜를 빼앗아 버리셨습니다. 사람을 섬기고, 낯설고 무서운 전쟁의 상황과 함성 속에서도 즐거워하도록 길들여진 힘센 군마는 인간의 창조물이 아닙니다. 그 군마의 힘은 하나님께서 부여해 주신 것입니다. 남방으로 날아가는 지혜를 지닌 매와 아무도 침범할 수 없으나 새끼들의 모습이 보이는 높은 곳에 보금자리를 만드는 독수리도 하나님의 인도를 받고 있습니다.

이 항목은 비천한 생활 영역에서 일어나는 일도 모두 여호와의 지혜 및 힘과 상관이 있음을 보여줍니다. 비록 하나님께서 우주적인 통치권을 인간에게 위임하셨지만, 사실들과 세력들을 지배할 수 있는 권한은 인간에게서 비롯된 것도, 인간에 의해 유지될 수 있는 것도 아닙니다.

곡식 모으기를 그것에게
의탁하겠느냐
13 타조는 즐거이 그 날개를
친다마는 그 깃과 털이
인자를 베푸느냐
14 그것이 알을 땅에
버려두어 모래에서 더워지게
하고
15 발에 깨어질 것이나
들짐승에게 밟힐 것을 생각지
아니하고
16 그 새끼에게 무정함이 제
새끼가 아닌 것처럼 하며
그 구로한 것이 헛되게
될찌라도 괘념치 아니하나니
17 이는 하나님 내가 지혜를
품부하지 아니하고 총명을
주지 아니함이니라
18 그러나 그 몸을 떨쳐 뛰어
갈 때에는 말과 그 탄 자를
경히 여기느니라
19 말의 힘을 네가 주었느냐
그 목에 흩날리는 갈기를
네가 입혔느냐
20 네가 그것으로 메뚜기처럼
뛰게 하였느냐 그 위엄스러운
콧소리가 두려우니라
21 그것이 골짜기에서 허위고
힘 있음을 기뻐하며 앞으로 나
아가서 군사들을 맞되
22 두려움을 비웃고 놀라지
아니하며 칼을 당할찌라도
물러나지 아니하니
23 그 위에서는 전동과 빛난
작은 창과 큰 창이 쟁쟁하며
24 땅을 삼킬듯이 맹렬히
성내며 나팔 소리를 들으면
머물러 서지 아니하고
25 나팔 소리 나는대로 소소
히 울며 멀리서 싸움 냄새를
맡고 장관의 호령과 떠드는
소리를 듣느니라

26 매가 떠올라서 날개를
펼쳐 남방으로 향하는 것이
어찌 네 지혜로 말미암음이냐
27 독수리가 공중에 떠서
높은 곳에 보금자리를 만드는
것이 어찌 네 명령을
의지함이냐
28 그것이 낭떠러지에 집을
지으며 뾰족한 바위 끝이나
험준한데 거하며
29 거기서 움킬만한 것을
살피나니 그 눈이 멀리 봄이며
30 그 새끼들도 피를 빠나니
살륙 당한 자 있는 곳에는
그것도 거기 있느니라

제40장

1 여호와께서 또 욥에게 말씀
하여 가라사대
2 변박하는 자가 전능자와 다
투겠느냐 하나님과 변론하는
자는 대답할찌니라
3 욥이 여호와께 대답하여
가로되
4 나는 미천하오니 무엇이라
주께 대답하리이까 손으로
내 입을 가릴 뿐이로소이다
5 내가 한두번 말하였사온즉
다시는 더하지도 아니하겠고
대답지도 아니하겠나이다

2) 막간 40:1-5

자신의 영광을 계속 드러내 보이시던 하나님께서 이제 잠시 중단하시고, 종에게 자신의 질문에 대해 대답하라고 요구하셨습니다.

이에 대한 욥의 대답은 의미심장합니다. 친구들과 논쟁할 때 강력한 어조로 자신만만하게 자기의 무죄를 주장하던 사람이 이제 "나는 미천하오니"라고 외치고 있습니다. 그는 하나님의 말씀을 듣고, 깨달은 바가 있었습니다. 그러나 그것은 아직 초보에 불과했습니다. 그는 아직도 하나님에 대해 많은 것을 배워야 했습니다. 그 순간에 그는 최종적인 진리를 깨닫기 위해 자신과 하나님 사이에 존재하는 참된 관계를 깨달아야 했습니다. 그가 이런 깨달음을 얻었다는 것은 "무엇이라 주께 대답하리이까"라는 그의 질문과 손으로 입을 가리는 행동에서 분명해집니다. 그리고나서 그는 말을 중단합니다. 그는 한 두 번 말을 했었지만, 이제 할 말이 없었던 것입니다. 침묵을 통해서 그는 지혜를 얻고, 그 지혜를 표시했습니다.

6 여호와께서 폭풍 가운데서
욥에게 말씀하여 가라사대
7 너는 대장부처럼 허리를
묶고 내가 네게 묻는 것을
대답할찌니라
8 네가 내 심판을 폐하려느냐
스스로 의롭다 하려 하여 나를
불의하다 하느냐
9 네가 하나님처럼 팔이
있느냐 하나님처럼 우렁차게
울리는 소리를 내겠느냐
10 너는 위엄과 존귀로
스스로 꾸미며 영광과 화미를
스스로 입을찌니라
11 너의 넘치는 노를 쏟아서
교만한 자를 발견하여 낱낱이
낮추되
12 곧 모든 교만한 자를
발견하여 낮추며 악인을
그 처소에서 밟아서
13 그들을 함께 진토에 묻고
그 얼굴을 싸서 어둑한 곳에
둘찌니라
14 그리하면 네 오른손이
너를 구원할 수 있다고 내가
인정하리라
15 이제 소 같이 풀을 먹는
하마를 볼찌어다 내가 너를
지은것 같이 그것도
지었느니라
16 그 힘은 허리에 있고
그 세력은 배의 힘줄에 있고
17 그 꼬리 치는 것은 백향목
이 흔들리는 것 같고 그 넓적
다리 힘줄은 서로
연락되었으며
18 그 뼈는 놋관 같고
그 가릿대는 철장 같으니
19 그것은

본문분해

3) 여호와 : 두 번째 계시 40:6-41:34
   (1) 하나님의 도전 40:6-14
      가) 욥의 비판에 대해 7-9절
      나) 통치하라는 요구 10-14절
   (2) 두 가지 예화 40:15-41:34
      가) 하마 15-24절
      나) 악어 41:1-34절
4) 욥의 대답 42:1-6
   (1) 하나님에 대한 그의 지식 2절
   (2) 자신에 대한 그의 지식 3절
   (3) 그의 회개 4-6절

본문
연구

3) 여호와 : 두 번째 계시 40:6-41:34

또다시 하나님은 욥에게 자신의 연약함과 어리석음을 하나님의 권능 및 지혜와 비교하도록 만드십니다. 첫 번째 계시를 시작할 때처럼, 이곳에서도 하나님은 대장부처럼 허리를 묶으라고 명령하셨습니다. 두 경우 모두 처음에 여호와께서 인간의 존엄성을 인정하고 계신다는 말이 나옵니다. 하나님께서 앞에서 묘사하신 피조물들은 하나님의 지혜를 깨달을 수도 그것에 대해 반응을 보일 수도 없습니다. 욥은 인간의 능력을 행사할 수 있었기 때문에 하나님으로부터 그렇게 하라는 요청을 받았던 것입니다.

두 번째 계시에서 여호와는 욥의 어리석음을 드러내 줄 분명한 주제를 다루셨습니다. 그것은 두 부분으로 이루어져 있는데, 첫 번째 부분 (40:6-14)은 욥에 대한 도전을 다루고, 두 번째 부분(40:15-41:34)은 두 가지 예를 들어 욥이 이 도전에 응답할 수 없음을 보여주고 있습니다.

(1) 하나님의 도전 40:6-14

욥은 고난 중에 하나님의 우주 통치 방법을 비난했습니다. 여호와께서는 지금 이것을 문제삼고 계신 것입니다. 하나

하나님의 창조물 중에 으뜸이
라 그것을
지은 자가 칼을 주었고
20 모든 들 짐승의 노는 산은
그것을 위하여 식물을
내느니라
21 그것이 연 줄기 아래나

갈밭 가운데나 못속에
엎드리니
22 연 그늘이 덮으며
시내 버들이 둘렀구나
23 하수가 창일한다 할찌라도
그것이 놀라지 않고 요단강이
불어 그 입에 미칠찌라도
자약하니
24 그것이 정신 차리고
있을 때에 누가 능히 잡을 수
있겠으며 갈고리로 그 코를
꿸 수 있겠느냐

제41장
1 네가 능히 낚시로 악어를
낚을 수 있겠느냐 노끈으로
그 혀를 맬 수 있겠느냐
2 줄로 그 코를 꿸 수
있겠느냐 갈고리로
그 아가미를 꿸 수 있겠느냐
3 그것이 어찌 네게 연속
간구하겠느냐 유순한 말로
네게 이야기하겠느냐
4 어찌 너와 계약하고 영영히
네 종이 되겠느냐
5 네가 어찌 새를 놀리는
것같이 그것을 놀리겠으며
네 소녀들을 위하여 그것을
매어 두겠느냐
6 어찌 어부의 떼가 그것으로
상품을 삼아 상고들 가운데
나눌 수 있겠느냐
7 네가 능히 창으로 그 가죽을
찌르거나 작살로 그 머리를
찌를 수 있겠느냐
8 손을 그것에게 좀 대어 보라
싸울 일이 생각나서 다시는
아니하리라
9 잡으려는 소망은 헛것이라
그것을 보기만 하여도
낙담하지 않겠느냐

님은 우주 통치 방법에 대해 설명하지 않으시고, 욥에게 우주에서 하나님의 자리를 차지하려 해야 한다고 제안하셨습니다. 하나님은 풍자적인 어투로 이런 통치 방법을 취하라고 요청하셨습니다. 자신을 꾸미고 영광을 입고 권능을 행사하라는 것입니다. 도덕적 영역에서 권능을 행사하고 거만한 악인을 낮추라는 것입니다. 욥이 이 일을 할 수 있을 때, 여호와께서 그의 오른손이 그를 구원하리라고 인정하실 것입니다.

(2) 두 가지 예화 40:15:-41:34

이와 같이 이 세상을 다스리라고 종에게 요구한 다음, 여호와께서는 도덕적인 영역에서 두 가지 예화를 제시하셨습니다. 어떤 학자들은 하마와 악어에 관한 묘사들을 삽입된 것으로 주장했습니다. 왜냐하면, 그 묘사들은 이곳의 일반적인 논증과 어울리지 않는 것 같기 때문입니다. 그러나 이런 주장은 이 예화의 진정한 의미를 깨닫지 못한 데서 나온 것임이 분명합니다. 욥에게 도덕적 영역에서 통치력을 행사하라고 요구하시면서, 하나님은 비도덕적인 두 짐승들을 그 앞에 제시하시고 그것들을 다스릴 수 있는 권세와 권능을 행사하라고 말씀하셨습니다. 이것은 사람을 다스리는 일보다 더 쉬운 일일 것입니다. 물질적인 것이 도덕적인 것보다 인간의 통치에 더 쉽게 굴복하는 법입니다. 이와 같이 비천한 영역에서도 절대적인 약함을 느끼는 사람이 고귀한 영역에서 무력함을 느끼는 것은 지극히 당연한 일일 것입니다. 이처럼 짐승들을 다스릴 수 없는 사람이 그것들을 지으시고 그것들을 다스리시는 분의 기능들을 어찌 떠맡을 수 있겠습니까?

여호와께서 이 광포한 짐승들에 대해서 욥에게 하신 말씀에서 우리는 부드러운 느낌을 받을 수 있습니다. 욥은 "줄이나 갈고리로 그것들을 잡을 수 있겠는가? 하마가 욥에게 살려달라고 빌겠는가?" 욥이 그것을 자기 종이나 놀이개로 삼을 수 있겠는가? 여호와께서는 익살스럽고 풍자적인 어투로 "손을 그것에게 좀 대어 보라 싸울 일이 생각나서 다시는 아니하리라."고 말씀하셨습니다. 아무도 그것을 격동시킬 용맹이 없거든 누가 능히 하나님을 당할 수 있겠는가? 욥이 이 짐승을 잡거나 정복하거나 데리고 놀 수 없다면, 그가 어찌 하나님과 겨루면서 우주를 다스릴 수 있으리라는 소망을 가질 수 있겠는가?

이와 같은 질문을 하고 난 다음, 하나님은 악어의 큰 힘에 대한 묘사로 돌이키고 있습니다. 그밖에 인간들이 칼이나 창, 혹은 투창 등으로 그것을 잡으려고 하나 잡을 수 없다는 것, 그것이 모든 자랑하는 자들의 왕이 되었다는 것에 대해서도 묘사합니다.

이와 같이 하나님 자신의 영광에 관한 계시는 영의 높은 경지에서 끝나지 않고, 강과 들의 짐승들의 지식과 위엄에 관한 표현으로 끝나고 있습니다. 이것은 욥을 다루는 방법이라고 볼 수 없지만, 그 결과를 보면 그것은 완전한 방법이었던 것 같습니다. 하나님을 아는 사람에게는 하나님의 가장 일반적인 지식을 참된 영광의 불꽃으로 만들고, 거기

10 아무도 그것을 격동시킬
용맹이 없거든 능히 나를
당할 자가 누구냐
11 누가 먼저 내게 주고 나로
갚게 하였느냐 온 천하에 있는
것이 다 내 것이니라
12 내가 악어의 지체와
큰 힘과 훌륭한 구조에 대하여
잠잠치 아니하리라
13 누가 그 가죽을
벗기겠으며 그 아가미 사이로
들어가겠는고
14 누가 그 얼굴의 문을 열 수
있을까 그 두루 있는 이가
두렵구나
15 견고한 비늘은 그의
자랑이라 서로 연함이 봉한 것
같구나
16 이것, 저것이 한데
붙었으니 바람도 그 사이로
들어가지 못하겠고
17 서로 연하여 붙었으니
능히 나눌 수도 없구나
18 그것이 재채기를 한즉
광채가 발하고 그 눈은
새벽 눈꺼풀이 열림 같으며
19 그 입에서는 횃불이
나오고 불똥이 뛰어나며
20 그 콧구멍에서는 연기가
나오니 마치 솥이 끓는 것과
갈대의 타는 것 같구나
21 그 숨이 능히 숯불을 피우
니 불꽃이 그 입에서 나오며
22 힘이 그 목에 뭉키었고
두려움이 그 앞에서 뛰는구나
23 그 살의 조각들이 서로
연하고 그 몸에 견고하여
움직이지 아니하며
24 그 마음이 돌같이
단단하니 그 단단함이
맷돌 아랫짝 같구나
25 그것이 일어나면 용사라도

에서부터 하나님의 통치의 온전하심에 대한 자각으로 올라가는 것이 꼭 필요합니다.

4) 욥의 대답 42:1-6

욥은 순종적으로 대답을 하고 있습니다. 그는 하나님의 뜻에 순종하여 자기를 포기하는 어조로 대답했습니다. 그가 굴복하는 순간, 그는 지금까지 그를 괴롭히던 세력을 지배할 수 있는 왕의 지위에 오르게 되었습니다. 하나님의 충만하심과 과거에 한 자기의 말이 어리석었다는 것을 고백하고 회개하자, 하나님의 영광이 보이게 되었습니다. 이러한 포기의 발언은 하나님의 승리를 보증하는 것이었습니다. 고난에 대한 설명은 없었으나, 고난은 잊혀졌으며 고통스런 상황은 다 사라졌습니다. 그는 하나님과의 관계 속에서 자신을 발견했던 것입니다. 엘리바스가 그에게, 방법은 가르쳐주지 않고 그저 하라고 권고했던 일을 그가 지금 했던 것입니다. 하나님과 가까워진 지금, 그는 여호와의 전능하신 힘을 발견했습니다.

두려워하며 경겁하여
창황하며
26 칼로 칠지라도 쓸데없고
창이나 살이나 작살도
소용이 없구나
27 그것이 철을 초개같이,
놋을 썩은 나무같이 여기니
28 살이라도 그것으로
도망하게 못하겠고 물매 돌도
그것에게는 겨같이
여기우는구나
29 몽둥이도 검불같이 보고
창을 던짐을 우습게 여기며
30 그 배 아래는 날카로운
와륵 같으니 진흙 위에 타작
기계같이 자취를 내는구나
31 깊은 물로 솥의 물이
끓음 같게 하며 바다로 젖는
향기름 같게 하고
32 자기 뒤에 광채나는 길을
내니 사람의 보기에 바닷물이
백발 같구나
33 땅 위에는 그것 같은 것이
없나니 두려움 없게 지음을
받았음이라
34 모든 높은 것을 낮게 보고
모든 교만한 것의 왕이
되느니라

제42장
1 욥이 여호와께 대답하여
가로되

제 3 부

후기

본문 분해

제3부 후기

과정을 뛰어넘는 인간 42:7-17

1. 유력한 중재자 7-10절
2. 친지들이 돌아옴 11절
3. 부귀영화 12-17절
    가. 재물 12절
    나. 자녀 13,15절
    다. 장수 16,17절

본문
연구

과정을 뛰어넘는 인간 42:7-17

1. 유력한 중재자 42:7-10

욥에게 큰 승리를 가져다 주신 하나님께서는 이제 그의 친구들을 다루십니다. 하나님은 그들에게 화를 내시면서, 동시에 그들을 불쌍히 여기셨습니다. 비록 그들의 말이 잘못되었다 할지라도, 그들의 의도는 옳았습니다. 하나님을 설명하고자 할 때 그들은 하나님에 대해서 제대로 말을 하지 못했습니다. 그러나 하나님을 이해할 수 없다는 욥의 주장이 그들의 말보다 하나님에 관한 더 심오한 진리를 포함하고 있었던 것입니다.

하나님께서 그들에게 욥을 변호하셨다는 것은 그를 "내 종"이라고 부르셨다는 사실에 의해 입증되었습니다. 하나님은 이 과정을 계시하면서 그를 묘사하기 위해 바로 이 용어를 사용하셨던 것입니다. 이것은 하나님께서 그의 종을 친구들의 중재자로 임명하셨다는 사실에 의해 입증되었습니다. 그들은 자기네의 철학으로 욥을 다시 하나님께 돌이키려고 시도했습니다. 그러나 욥은 그들의 기도로써

2 주께서는 무소불능하시오며
무슨 경영이든지 못 이루실 것
이 없는 줄 아오니
3 무지한 말로 이치를
가리우는 자가 누구니이까
내가 스스로 깨달을 수 없는
일을 말하였고 스스로 알 수
없고 헤아리기 어려운 일을
말하였나이다
4 내가 말하겠사오니 주여
들으시고 내가 주께
묻겠사오니 주여 내게 알게
하옵소서
5 내가 주께 대하여 귀로
듣기만 하였삽더니 이제는
눈으로 주를 뵈옵나이다
6 그러므로 내가 스스로
한하고 티끌과 재 가운데서
회개하나이다

하나님께로 돌이키는 도구가 되었던 것입니다.

거룩한 중보 행위로 그 자신의 포로 생활은 끝이 나고 영혼의 온전한 자유를 맛보게 되었습니다. 맨 처음에 욥의 세 친구에 관한 우호적인 말이 나온 것처럼 끝에도 나옵니다. 그들이 순종하고 제물을 드리고 고백했다는 사실에서, 그들의 성실성이 드러납니다.

2. 친지들이 돌아옴 42:11

그의 상태가 회복되자 이전의 친지들이 다시 그에게 모이고 그를 환영하고 그에게 선물을 가져다 주었습니다.

3. 부귀영화 42:12-17

그 이후의 나머지 사실들은 모두 간단한 문장으로 언급되었습니다. 고난을 겪은 이후에 그는 이전보다 더 큰 부귀영화를 누리게 되었습니다. 재물은 더욱 불어났으며 자녀들의 숫자도 증가하였고 영적인 체험도 풍부해졌습니다. 여호와께서는 불의 시련을 이기고 나온 그에게 장수와 충만한 평안을 부여해 주셨던 것입니다.

이 위대한 책의 개관을 끝마치면서, 우리는 고난 문제의 해결을 위한 철학을 정립할 필요가 없다는 사실을 단언하는 바입니다.

7 여호와께서 욥에게
이 말씀을 하신 후에 데만
사람 엘리바스에게 이르시되
내가 너와 네 두 친구에게
노하나니 이는 너희가 나를
가리켜 말한 것이 내 종 욥의
말같이 정당하지 못함이니라
8 그런즉 너희는 수송아지
일곱과 숫양 일곱을 취하여
내 종 욥에게 가서 너희를
위하여 번제를 드리라 내 종
욥이 너희를 위하여 기도할
것인즉 내가 그를 기쁘게
받으리니 너희의 우매한 대로
너희에게 갚지 아니하리라
이는 너희가 나를 가리켜 말한
것이 내 종 욥의 말같이
정당하지 못함이니라
9 이에 데만 사람 엘리바스와
수아 사람 빌닷과 나아마 사람
소발이 가서 여호와께서
자기들에게 명하신 대로
행하니라 여호와께서 욥을
기쁘게 받으셨더라
10 욥이 그 벗들을 위하여
빌매 여호와께서 욥의 곤경을
돌이키시고 욥에게 그 전
소유보다 갑절이나 주신지라

11 이에 그의 모든 형제와
자매와 및 전에 알던 자들이
다 와서 그 집에서 그와 함께
식물을 먹고 여호와께서
그에게 내리신 모든 재앙에
대하여 그를 위하여 슬퍼하며
위로하고 각각 금 한 조각과
금고리 하나씩 주었더라

12 여호와께서 욥의 모년에
복을 주사 처음 복보다 더하게
하시니 그가 양 일만 사천과
약대 육천과 소 일천 겨리와

이 위대한 책을 통해서 우리가 깨달을 수 있는 교훈은, 고난을 겪음으로써 욥이 더 풍성하고 충만한 삶을 향유하게 되었으며, 그 결과 하나님을 더욱더 잘 알게 되었다는 것입니다.

암나귀 일천을 두었고
13 또 아들 일곱과 딸 셋을
낳았으며
14 그가 첫째 딸은 여미마라
이름하였고 둘째 딸은
긋시아라 이름하였고
셋째 딸은 게렌합북이라
이름하였으며
15 전국 중에 욥의 딸들처럼
아리따운 여자가 없었더라
그 아비가 그들에게 그
오라비처럼 산업을 주었더라
16 그 후에 욥이
일백사십 년을 살며 아들과
손자 사 대를 보았고
17 나이 늙고 기한이 차서
죽었더라